ジェンダー労働論
雇用の男女平等をめざす日本と世界

川東英子

The Women's Labour
for Gender Equality

ドメス出版

はしがき

　日本が、女性差別撤廃条約を批准し、男女雇用機会均等法を制定してから30年あまりの年月が過ぎた。女性の社会進出や社会参画を期待し、雇用の男女平等を希望した人たちは、今、日本の現状を、どのような思いでみているのであろう。きわめて緩慢にしか進まない状況に、腹立たしく思うのか、それとも、それでも前進していると達観しているのであろうか。

　私は、何故か物心ついたころから、「男女平等」・「男女差別」に関心があった。大学では社会政策を専攻し、卒論のテーマは「男女同一労働・同一賃金」であった。女性が頑張って、能力を磨けば、男女平等は実現すると思っていた。

　しかし、それが通用するのは、学校教育の段階までであって、実際に社会に出るとなると、様相はまったく異なった。就職はとても厳しいし、就職してからも、出産・育児期を通して女性には「重い負担」が容赦なくかけられた。ここで初めて、「ジェンダー」という社会構造の壁にぶつかったと、体感した。

　それでも、私は恩師 竹中恵美子先生、故 星島一夫先生をはじめとする諸先生方、家族などの支えがあって、研究と教育という仕事を続けることができた。とても幸運な人生を歩めたほうだと思う。とはいえ、正規の大学教員としての職を得るまでは、展望を描けず、苦しい挑戦が続いた。

　私が初めて女性労働論の授業をもったのは、大学院生のときであった。その後、愛媛大学で10年あまり講義し、松山東雲女子大学に正規教員として就職してから今日まで4半世紀あまり続けてきた。振り返れば、長い年月となるが、女性労働の変化・進展を把握することは、とても難しい課題であった。

　松山東雲女子大学では（のちには松山東雲短期大学でも）、2コマの女性労働論（女性職業論）の講義を担当した。女性学関連の学問は、まだ新しい分野であり、定番の教科書といえるものはなかった。さまざまな文献をもとに、講義ノートを作成しては、修正を繰り返した。その結果、たどり着いた

のが、本書である。

　本書は、「雇用の男女平等をめざす日本と世界」というテーマで、①日本の女性労働者の雇用差別撤廃の歴史と、②1975（昭和50）年以降の世界的男女差別撤廃運動の動向と理念・政策、および、③日本の雇用の男女平等を支える法律（法制度）の3つを取り上げる。

　まず、日本の女性労働者の雇用差別撤廃の歴史については、雇用の男女差別を提訴した裁判の変遷をたどることによって、現在の到達点を、歴史と法理論で理解できるようにした。裁判は初めて争われたケースを取り上げることによって、女性労働者の直面する男女差別の壁が何であったのか、その歴史的変遷が理解できるであろう。また各裁判で展開された法理論を理解し、それらを蓄積・体系化することで、男女差別撤廃のための法理論の全体像を把握することができると思う。

　次いで、1975年以降の世界的男女差別撤廃運動を、世界会議の模様や、最大の成果である女性差別撤廃条約、ILOの家族的責任条約やパートタイム労働条約、EUの均等待遇政策など、雇用の男女平等をめぐる世界の動向と理念・政策を紹介した。1975年の国際女性年以降、男女差別撤廃運動は、国連を中心に、世界が協力・連動しながら展開されてきた。男女差別を許さない人権の保障された社会を築くために創造された貴重な理論・政策の宝庫は、日本においても21世紀を男女平等な社会とするために、積極的に学び、摂取し、展開・応用するのに不可欠のものである。

　そして最後に、日本の雇用の男女平等を支える法制度として、男女雇用機会均等法、育児休業制度、パートタイム労働法、女性活躍推進法を紹介している。

　雇用の性差別を禁止している男女雇用機会均等法については、名前は知っているが、その具体的内容まではよく知らないという人が多い。そこで、男女雇用機会均等法について、内容別構成分けをしながら、条文と指針・具体的違法例について紹介した。男女雇用機会均等法を理解し、雇用の現場で活用してほしい。

　育児休業制度については、近年改正も多いので、最新の情報を簡潔に紹介した。パートタイム労働法も、2014（平成26）年の改正で、労働時間の違

い（フルタイムかパートタイムか）による「不合理な格差」の禁止や、雇用契約の違い（無期雇用契約か有期雇用契約か）を理由とする差別の禁止など一定の改善が行われた。正社員とほぼ同数の女性パートタイマーに関わる重要な法律である。

女性活躍推進法は、できたばかりの新しい法律であるが、女性管理職の増加をめざすなど、ポジティブ・アクションを男女雇用機会均等法よりも強力に推進することを、常用雇用労働者301人以上の民間企業や国・自治体に義務づけている。これからの日本の雇用平等のあり方に大きく関わる重要な法律である。

現在、成長戦略のなかに女性活躍が据えられ、女性の前途は明るく彩られている。しかし、かつて高度経済成長初期に政府によって女性の能力活用が叫ばれたときも、実は労働力不足対策としてであった。今回の女性活躍推進も、人口の減少や少子高齢化による労働力不足対策という側面は否めない。

とはいえ、この好機を、文字通り女性活躍・雇用の男女平等に転換するためには、世界の雇用の男女平等の理念や政策を学び、実践していくほかはない。ムードに踊らされず、実態を正確に理解し、雇用の男女平等を実現するためには、知力と運動が必要である。多くの学生や若者、労働者に読んでいただければ幸いである。

なお姉妹編として、『労働力の女性化の光と影——女性労働の変貌と課題』もドメス出版から出す予定である。戦後の「労働力の女性化」により、女性労働の急激な量的拡大と一定の質的改善がなされるとともに、雇用の男女平等の視点からみると多くの問題点・課題が残されている。その両面を分析したものである。併せて参照していただければ幸いである。

2018年7月

川東　英子

ジェンダー労働論
──雇用の男女平等をめざす日本と世界──

*

もくじ

はしがき　　1

第1章　女性労働者の裁判の歩み
──雇用差別撤廃の歴史と到達点

1. 女性労働者と裁判
──最後の救済手段としての裁判　14

2.「雇用の出口」をめぐる裁判　17
（1）正社員の「退職・定年・解雇」をめぐる裁判　18
①　結婚退職制──住友セメント事件　18

（参考）出産退職制──三井造船事件　22

②　女子若年定年制──東急機関工業事件　22

（参考）男女別定年制──日産自動車事件　27

③　既婚女性整理解雇事件──古河鉱業事件　28

（2）臨時労働者の雇用期間満了を理由とする「解雇」をめぐる裁判　33
①　臨時工の契約更新拒絶──東芝柳町工場事件　34

（参考）常勤アルバイトの解雇──朝日放送事件　36

3. 賃金をめぐる裁判　38
（1）基本給（本人給）の男女差別──秋田相互銀行事件　38
（参考）三陽物産事件　41

（2）家族手当の男女差別──岩手銀行事件　42
（参考）日産自動車事件　45

（3）同一価値労働同一賃金をめぐる裁判　46
①　男女正社員間の賃金差別──日ソ図書事件　47

②　正社員と臨時社員間の賃金差別──丸子警報器事件　50

③　男女異職種・職務間賃金差別──京ガス事件　54

もくじ　7

4．昇進・昇格をめぐる裁判　58
- ①　公務員の昇進・昇格差別——鈴鹿市役所事件　59
- ②　昇格の男女差別——社会保険診療報酬支払基金事件　60
- ③　昇進・昇格の男女差別——芝信用金庫事件　63

5．職務配置をめぐる裁判　66
- ①　男女別コース制——日本鉄鋼連盟事件　66
- ②　コース制による昇格の男女差別——住友電工事件　70
- ③　コース制による賃金の男女差別——兼松事件　71

6．セクシュアル・ハラスメントをめぐる裁判　73
- ①　対価型（地位利用型）セクハラ
　　——沼津セクシュアル・ハラスメント事件　74
- ②　環境型セクハラ
　　——福岡セクシュアル・ハラスメント事件　75
- （参考）♯ Me Too について　76
- （参考）マタニティ・ハラスメントについて　78

第2章　世界の男女平等をめざす動向と理論・政策

はじめに　82

1．国連と男女平等　83
- （1）「国際婦人（女性）年」（1975 年）　83
  - ①　「国際婦人年世界会議（第1回世界女性会議）」　83
  - ②　新しい男女平等観——"平等・開発・平和"　86
- （2）「国連婦人の 10 年」（1976 〜 85 年）　88
  - ①　第2回世界女性会議（1980 年）　88
  - ②　第3回世界女性会議（1985 年）　90

（3）第4回世界女性会議 北京会議（1995年）　93

　　①　1990年代前半の世界会議　94

　　②　北京会議の特徴　95

（4）2000年以降の動向　96

（5）世界会議の成果の各国・自治体への普及　98

2．「女性に対するあらゆる形態の差別撤廃条約」（国連 1979年）　100

（1）女性差別撤廃条約の基本的考え方・特徴　101

　　①　新しい男女平等観——"平等・開発・平和"　101

　　②　社会生活の全分野を対象とする包括的な男女差別の禁止　102

　　③　母性の社会的重要性　105

　　④　新しい子どもの養育観——男女および社会の共同責任　107

　　⑤　暫定的特別措置　108

（2）雇用——第3部第11条　112

　　①　第1項——雇用の機会や待遇などの平等の権利　112

　　②　第2項——母性保護、母性を理由とする差別の禁止、

　　　　　両立支援サービス　114

3．「家族的責任を有する男女労働者の機会均等および平等待遇」
　　　　　　　　　（ILO156号条約、165号勧告　1981年）　117

（1）成立の経緯と目的　117

（2）ILO165号勧告
　　　　　——仕事と家庭の両立に必要な社会的条件整備　118

　　①　労働条件について　119

　　　ⅰ　1日当たりの労働時間の短縮と柔軟な働き方　119

　　　ⅱ　交替労働・夜間労働や転勤における家族的責任への配慮　120

　　　ⅲ　パートタイマーの労働条件の改善　121

　　　ⅳ　親休暇（育児休暇）制度　123

　　　ⅴ　看護休暇（子ども）、看護・介護休暇（被扶養の近親の家族）　124

　　②　児童保育および家事に関わるサービスおよび施設　124

③　社会保障　　124

　（3）ILO「パートタイム労働に関する175号条約」
　　　　（同182号勧告、1994年）　　125

　（4）スウェーデンの育児休暇制度
　　　　——世界最高水準の育児休暇制度　　127

4．欧州連合（EU）における非正規労働者の均等待遇　　130
　　　①　EC「パートタイム労働に関する指令」（1997年）　　131
　　　②　EC「有期労働の枠組み協定に関する指令」（1999年）　　133
　　　③　EU「派遣労働指令」（2008年）　　135

第3章　日本の雇用平等法

1．男女雇用機会均等法　　138
　（1）男女雇用機会均等法の成立と改正　　138
　　　①　男女雇用機会均等法の成立の経緯　　138
　　　②　均等法改正の経緯　　139
　　　③　均等法30年の現状　　141

　（2）均等法と女性雇用管理　　143
　　　①　名称・目的・基本的理念　　143
　　　②　雇用の性差別の禁止　　144
　　　　ⅰ　募集・採用（第5条）　　144
　　　　ⅱ　職務配置・昇進・降格および教育訓練（第6条1項）　　146
　　　　ⅲ　福利厚生（第6条2項）　　151
　　　　ⅳ　職種および雇用形態の変更（第6条3項）　　152
　　　　ⅴ　退職勧奨、定年および解雇、労働契約の更新（第6条4項）　　155
　　　　ⅵ　女性労働者の婚姻、妊娠、出産等を理由とする不利益取り扱いの
　　　　　　禁止等（第9条）　　157
　　　　ⅶ　間接差別の禁止（第7条）　　161
　　　　ⅷ　ポジティブ・アクション（暫定的特別措置）（第8条）　　165

③　事業主の講ずべき措置　168

　　ⅰ　セクシュアル・ハラスメントに関する雇用管理上の措置
　　　（第 11 条）　168

　　ⅱ　妊娠中および出産後の健康管理に関する措置（第 12 ～ 13 条）　170

④　事業主に対する国の援助（第 14 条）　171

⑤　救済および制裁措置　173

（3）均等法の改正（1997 年）に伴う「労働基準法」の改正　175

①　時間外・休日労働、深夜労働の女性労働者に対する規制の転換　175

②　母性保護の強化　177

（4）均等法の意義と限界　177

2．育児休業制度　181

①　育児休業制度の内容　181

②　就業援助措置　183

③　子どもの看護休暇制度　184

④　有期雇用労働者への適用条件　184

3．パートタイム労働法　185

①　2007 年改正パートタイム労働法　186

②　2014 年改正パートタイム労働法　188

4．「女性活躍推進法」　192

①　「女性活躍推進法」の内容　192

②　民間企業における取り組み状況　194

③　国の取り組み　197

参考文献　201

あとがき　205

装幀　市川美野里

凡　例

1．本書では、性別について、原則として女性・男性を使用する。ただし、参考・引用文献や慣例などとの関係上、女子・男子をそのまま使用している場合もある。同様の理由で、婦人と女性を併用している箇所もある。

2．年号については、原則西暦で表記するが、各章および各節の初出は、西暦と元号を併記している〈例：1985（昭和60）年〉。

3．法律の名称および条文については、各章および各節の初出は正式名称、次回からは略称で記載する（例：男女雇用機会均等法→均等法、労働基準法第4条→労基法4条など）。

4．「コース別雇用管理制度」・「男女別コース制」などの用語については、初出、用語説明などは「　　」つきで表記、それ以外は削除している。

第 1 章

◎

女性労働者の裁判の歩み
――雇用差別撤廃の歴史と到達点

本章では、日本の雇用の男女平等の歩みについてみていきたい。日本の雇用の男女平等度や、それを含む全般的な男女平等度は、世界の先進各国と比較すると、残念ながらきわめて低い。世界経済フォーラムが発表したジェンダー・ギャップ指数は、2017年は世界144カ国中114位（『朝日新聞』2018年3月1日付）である。先進国としては異例の低さで、男女格差＝男女差別の大きい国に今も変わりはない。それでも、これまで先輩女性労働者たちによって、男女差別撤廃の闘いが行われ、その努力の積み重ねによって、ようやく現在の水準に到達してきたのである。

1．女性労働者と裁判
——最後の救済手段としての裁判

日本では、女性労働者が職場で体験してきた雇用差別は、主に裁判を通して、その不当性が明らかにされてきた。裁判で女性差別であるとの判決を勝ちとり、こうした判決（判例）を多く積み重ねた結果、労働行政（国）を動かし、新しい法律の制定・改正をもたらしてきた。つまり裁判は、日本における雇用の男女差別を無効とし、雇用平等の前進をもたらす原動力であったといってよい。

そもそも雇用における男女差別は、職場で発生するのであるから、本来、職場の労働者、とくに職場にある労働組合こそが、雇用差別撤廃の取り組みの中心となるべきである。労働組合は、労働者の雇用・労働条件の維持・向上のために労働者が自主的に組織する団体である。日本の労働組合も、組合員である女性労働者のために協力し奮闘するものもあったが、総じて女性労働者の雇用差別救済には消極的で、場合によれば、会社と同調して、逆に女性差別に加担することさえあったのである。日本の労働組合は男性正社員を中心に組織されており、女性や非正規労働者の問題には消極的であったといわれている。本来ならば差別を受けた女性労働者のために闘い、支援してしかるべきであるが、必ずしもそうではない場合も多かったのである。

また、労働分野の行政機関で、女性労働者の雇用差別の是正や撤廃のため

の活動をしているところもある。例えば労働基準監督署は、「労働基準法」
（以下、労基法と略す）などの労働法規が職場で遵守されるための監視・監
督機関であるし、労働局雇用均等室（かつての「女性少年室」から移行）は、
「男女雇用機会均等法」（以下、均等法と略す）の遵守のための相談・指導・
救済機関である。これらの行政機関に相談することによって、問題の解決が
図られることも多い。しかし、これらの機関は職員数に限りがあるうえ、そ
もそも法律そのものに実効性が不十分などの問題がある。そのため、たとえ
これらの機関を利用しても、女性労働者が望む解決に効果的に対処できない
場合もあるという限界を抱えていた。

　このような状況のなかで、救済を求める女性労働者が、最後の手段とし
て、大きな決意と勇気をもって取り組んだのが、雇用差別撤廃のための裁判
であった。そして多くの女性労働者が取り組み、次々と成果を上げることに
よって、日本の労働行政が動き、職場が変わってきたのである。

裁判の意義

　裁判によって、女性労働者に対する雇用差別をなくすことには、どのよう
な意義があるのだろうか。

　1つには、雇用差別の是非を法理論的に明らかにすることができる、とい
うことである。職場では長年当たり前のように女性差別が続いてきたとして
も、職場の労働規律や慣行を律するはずの法律や法理論が、それをどのよう
に考え判断したのかが、社会的に明白にされるのである。つまり、職場の労
働のあり方が、改めて法律や法理論に基づいて白黒判断され、それを改める
きわめて大きなインパクトになる。

　2つ目に、その判決がもたらす社会的影響の大きさである。裁判として白
黒明白にされるため、勝訴判決が出れば、同じような差別に苦しんできた女
性労働者に、同様の裁判を起こすきっかけとなる。事実、勝訴判決に勇気を
得て、女性労働者は裁判に立ち上がった。また仮に敗訴しても、この問題に
対する社会的関心を高め、議論を起こすきっかけになる。

　3つ目に、勝訴判決の蓄積は、行政にこれまでのあり方の是正を迫り、通
達や法律を制定・改正する力ともなる。現に「均等法」を成立させ、いい意

味でも悪い意味でも、その内容にまで影響をおよほしたのである。

このように裁判がおよほす影響はきわめて大きく、女性雇用差別の是正に重要な役割を果たしてきたのである。

裁判の問題点と限界

裁判のもつ力はきわめて大きいが、それと同時に、日本の裁判制度には問題点が指摘されている。その1つは、裁判が決着をみるまでに、多大の時間と労力とお金がかかることである。日本の裁判は迅速性に欠け、裁判を起こす女性労働者に多くの苦労と負担を強いてきた。そのため誰もが裁判を決意できるわけではないし、またせっかく勝訴判決が出ても、いわば"手遅れ"となることもある。「遅すぎる救済は救済に値しない」といわれているが、まさにその通りである。

また、裁判で救済されるのは、裁判を起こした当人のみであり、同様の差別に苦しむ職場の同僚には判決の成果は直接およばない。もちろん裁判の過程で企業が是正措置を取ることもあるが、法的救済は本人にしか届かないのである。この点アメリカでは「集団訴訟」という方法があり、原告が代表として裁判を闘い、判決はその他の「集団」全員におよぶ。効率的なやり方である。

なお、こうした裁判の問題点を改善するために、のちに個別労働紛争解決制度や労働審判制度が創設された。個別労働紛争解決制度とは、個々の労働者と事業主との間の労働条件や職場環境をめぐるトラブルについて、各都道府県の総合労働相談、労働局長による「助言・指導」、紛争調整委員会による「あっせん」の3つの方法で、早期解決を図るものである。

また、労働審判制度は、裁判官1名と専門的な知識・経験のある審判員2名で構成される「労働審判委員会」で審理を行うものである。3回以内の審理で結論に達することが要請されていて、審理の迅速化が実現している。ただし、労働審判で納得できない場合は、本裁判が必要となる。

以上、日本の女性労働者の雇用差別の撤廃が、主として裁判によって担われてきた経緯とともに、裁判闘争の意義と問題点・限界について述べた。以

下では、女性労働者が解決してきた過去の主要な雇用差別について、説明していきたい。

　女性労働者の抱える雇用差別は、「雇用の入り口から出口まで」といわれてきたように、実にさまざまな内容がある。以下では、①結婚退職制や女子若年定年制、既婚女性の整理解雇、臨時工の契約更新拒絶など「雇用の出口」に関するもの、②賃金（基本給、家族手当、同一価値労働同一賃金）、③昇進・昇格、④仕事の与え方（職務配置・コース制）、⑤セクシュアル・ハラスメントと大きく５つに分けて、主要な裁判を紹介していきたい。
　なお、この取り上げる順番は、おおよそ裁判の闘われた時代に沿っており、日本の女性労働者の雇用差別撤廃の歴史ともいえる。

２．「雇用の出口」をめぐる裁判

　まず初めに「雇用の出口」に関する男女差別についてみていこう。これから紹介する裁判は、各テーマについておおよそ最初に争われた裁判という意味で、歴史的裁判である。そのためかなり古いものもあり、過去の出来事と受け取られるかもしれない。確かに今ではほとんどなくなったものもある。とはいえ、完全になくなったわけではなく、制度はなくなったが慣行として残っているという場合もあるし、あるいは再度復活するという場合もある。したがって、まったく過去の話ではないということを認識していただきたい。
　そして、そうであるからこそ、なぜ「女性差別」という判決が下されたのか、法理論的根拠をしっかり理解する必要がある。なぜ女性差別であるのか、どういう理由で、どの法律・条文に基づいて違法といえるのか、しっかり理解してこそ、もし私たちが今後、職場で差別を受けたとき、自信をもって、それを差別と判断することができ、さらにはそれをなくすために闘うことができるのではないだろうか。またそうであってこそ、過去の闘いの遺産のうえに築かれた権利をしっかり認識し継承しているといえるのではないだろうか。そういう意味で、過去の判決ではあっても、学ぶ意義は大いにある。

（1）正社員の「退職・定年・解雇」をめぐる裁判

①結婚退職制──住友セメント事件（東京地裁　1966年）

「雇用の出口」をめぐる雇用差別は、正社員か非正規社員かによって直面する内容が異なる場合が多い。そこで正社員と非正規社員に分けてみていく。

女性正社員の場合、「雇用の出口」に関する雇用差別は、結婚退職制、出産退職制、女子若年定年制、男女別定年制、既婚女性の整理解雇などが主要な裁判であった。

まず初めに「結婚退職制」を争った住友セメント事件の裁判からみていこう[1]。実はこの裁判こそ、まさに女性労働者の雇用差別撤廃の最初の裁判であった。

〔事件の概要〕

原告女性は、当初臨時従業員として雇われ、2カ月後に正社員（雇員本採用）として採用されたが、その際会社から「結婚又は満35歳に達したときは退職する」ことを労働契約の内容とする「念書」を提出させられた（いわゆる結婚退職制）。

原告は、3年後結婚したが退職しなかったので、会社は「解雇の意思表示」をし、従業員として取り扱わず、賃金も支払わなかった、というものである。

なお被告会社は、1958（昭和33）年以降採用する女性社員の仕事を、タイピスト、電話交換、事務補助に限定し、男性職員とは仕事を明確に区別していた。

1）住友セメント事件については、赤松良子編『解説 女子労働の判例』学陽書房、1976年、大脇雅子・中野麻美・林陽子『働く女たちの裁判』学陽書房、1996年、参照。

〔判決の要旨〕

1966 年に出された東京地裁判決は、「結婚退職制」を男女差別と判断した。その主要な問題点は、ⅰ. 退職という労働条件に関する男女差別と、ⅱ. 結婚の自由の制約、にあった。まずⅰの退職という労働条件の男女差別にあたるという問題について、法理論的に説明していこう。

ⅰ 「退職という労働条件に関する男女差別」について

憲法 14 条違反

私たち日本国民に適用される法律の根幹は、いうまでもなく日本国憲法である。この憲法の第 14 条は「法の下の平等」を定めた条文として有名である。「すべて国民は、法の下に平等であつて、人種、信条、性別、社会的身分又は門地により、政治的、経済的又は社会的関係において、差別されない。」と謳われている。つまり性別を理由とする差別を明確に禁止している。

住友セメントの結婚退職制は、退職という労働条件について、女性労働者にだけ結婚するかまたは 35 歳に達すれば退職させるというものである。男性労働者にはない条件を課すことによって、女性労働者に「不利益」を与えている。したがって、明白に憲法 14 条に違反している。

ところが、憲法は「国家と私人（国民）の間」を律する法律であって、「私人（国民）間」、例えば「会社と労働者」の雇用関係については、直接に適用することはできない。つまり直接の法的根拠とはなりえないのである。

要するに、労働条件の男女差別は、明らかに憲法第 14 条の法の下の平等、男女差別の禁止に反しているが、憲法を「私人間」の問題の直接の法的根拠とすることはできないのである。

憲法と労働法・念書

では憲法は、私たち国民にとって、何の関係もないものだろうか。もちろんそうではない。憲法は日本の法体系の根幹であるのだから、私人間に関する法律に対しても、法理念や法秩序の面で影響を与え、同様の理念・秩序で構成することを要請している。例えば労働法の理念や秩序も、憲法の理念や秩序に基づいて構成されており、したがって憲法の理念である「法の下の平

等」「性を理由とする差別の禁止」は、当然労働法においても厳守されるべき原理である。

さらに職場で従業員を拘束する就業規則、労働協約（会社と労働組合の間で結ばれた労働条件に関する取り決め）、"念書"などは、当然労働法の下にあり、労働法の理念・秩序と整合性のあるものでなければならない。したがって、"念書"は、労働法と同様に、性を理由とする差別を禁止する内容でなければならない。

「結婚退職制」は、女性労働者のみを対象に、結婚または35歳を理由に退職させる制度であり、女性労働者に不利益を与える取り決めである。したがって、男女差別であり、労働法の理念に反している。

ところが、この裁判が争われた時代、日本ではまだ「均等法」は成立しておらず、「労基法」が明示的に性差別を禁止しているのは「賃金の男女差別」（第4条）だけであった（「労働条件の差別」も禁止（第3条）していたが、性は差別の理由として明示されていない）。その結果、この問題に対し、労働法を根拠に法律違反とはいえない状況であった。まさに、労働法は現実の性差別に十分対応できない不備な状況にあったのである。

民法90条

この労働法の不備を補ったのが、民法90条である。民法には「公序良俗の原則」と呼ばれる条文がある。「公の秩序又は善良の風俗に反する事項を目的とする法律行為は、無効とする」（第90条）というものである。結婚退職制という労働条件に関する男女差別は、まさにここにいう「公序良俗」に反する定めである。こうして民法90条にのっとり、結婚退職制は無効とされたのである。

以上みてきたように、結婚退職制は、退職という労働条件に関する男女差別であり、憲法14条、民法90条により、違法・無効と判断されたのである。

ii 「結婚の自由の制約」について

次にもうひとつの問題点である「結婚の自由の制約」についてみてみよう。

結婚の自由は、憲法第11条の「基本的人権の享有」に関わる事柄であり、憲法上結婚の自由は厳守されなければならない。しかし結婚退職制があれば、女性労働者は、結婚か仕事かで二者択一を迫られる。結婚すれば仕事を失うし、仕事を続けるのであれば結婚できない、ということになる。このように、結婚退職制は女性労働者に、憲法の保障している結婚の自由という基本的人権の保障を制限ないし剥奪するものであるから、憲法11条に違反している。

しかし憲法は私人間の事柄には直接的に適用できない。とはいえ憲法は労働法に法理念・法秩序において同じ論理を要請しているから、当然労働法においても、結婚の自由という基本的人権を制限・剥奪してはいけない。また"念書"は労働法のもとにあるので、同じく結婚の自由を制約してはいけない。ところが労働法には直接的根拠となる条文がない。そこで民法第90条を直接的根拠にして、結婚退職制は結婚の自由という「公序良俗」に反する制度であるため無効となる、と判断した。

こうして、結婚退職制は結婚の自由を制限・剥奪するので、憲法11条、民法90条により、違法・無効となる。

以上みてきたように、住友セメント事件は、結婚退職制が、退職という労働条件に関する男女差別と、結婚の自由の制約という問題を有しており、それは憲法14条、憲法11条、民法90条により違法・無効という判決が下されたのである。

〔住友セメント事件の意義〕

住友セメント事件は、女性労働者の雇用差別撤廃裁判の第1号という歴史的意義がある。しかしそれだけではなく、法理論面と実践面の2点でも、大きな意義を有している。

まず法理論面の意義についていえば、当時、雇用の男女差別を禁止する法律は、「労基法4条」（男女同一労働同一賃金の原則）のみという状況のなかで、賃金以外の差別的労働条件を、憲法14条（憲法11条）と民法90条の組み合わせによって無効とするまったく新しい法理論を創造・樹立したことである。しかもこの法理論は、今日にいたるまで活用されている生命力の長

い有効な理論である。このような画期的な法理論が創造されたことが、住友セメント事件を勝訴に導いたといえよう。

　また実践面の意義については、この裁判を出発点に、同様の結婚退職制関連の裁判が提訴されることとなったほか、その他のさまざまな雇用差別撤廃の裁判が提訴され、勝訴にいたる契機となったことである。その意味で、女性労働者の差別撤廃裁判の単なる出発点というよりも、多数の差別撤廃裁判を引き起こす「跳躍台」ともいうべき役割を担ったといえよう。

（参考）出産退職制──三井造船事件（大阪地裁　1971年）[2]

　女性労働者だけに適用される退職制としては、「結婚退職制」のほかに「出産退職制」もあった。三井造船では、結婚退職制で退職させた女性正社員に対し、一定の条件を満たす者を1年契約の非正規社員として再雇用していたが、それも第1子出産で退職させるという「出産退職制」を設けていた。つまり、結婚退職制で正社員としての地位を奪い、出産退職制で非正規社員でも辞めさせるというまさに2段がまえの女性社員追い出し策であった。

　裁判では、出産退職制は労基法の母性保護規定の適用を逃れるための「脱法行為」であると厳しく断罪された。つまり、出産する女性労働者には、労基法により「産前・産後休暇」などの母性保護が保障されているが、会社はこの母性保護による労働効率の低下を嫌い、その甘受すべき義務を避けるために、その前に辞めさせようとしたものである。まさに「脱法行為」であり、判決は女性の退職無効の主張を認めたのである。

② 女子若年定年制──東急機関工業事件（東京地裁　1969年）

　結婚退職制と並び、女性正社員を若くして辞めさせる制度が、「女子若年定年制」である。女性社員にのみ、男性とは異なる30歳頃に定年年齢を設定して、本人の労働意欲に関係なく早期に辞めさせる制度である。この制度

───────────
2）出産退職制については、赤松良子編、前掲書、参照。

の是非を争った最初の裁判が、「東急機関工業事件」[3] である。

〔事件の概要〕

1966（昭和41）年に会社と労働組合の間で、新たに女性の定年を30歳とする協定が締結された。そのため、当時すでに30歳になっていた原告が、強制的に退職扱いとなり労働者としての地位を奪われたのである。ちなみに男性の定年は55歳となっている。労働組合の承認のもと、男女で定年年齢に25歳という大きな開きを新たに設定したのである。

原告の女性労働者は、女子若年定年制は憲法14条、労基法3条、4条に違反し、公序良俗違反で無効と主張した。それに対し会社側は、当時の女性労働者に対する考え方（企業の女性労働者観）をきわめて鮮明に打ち出し、合法性を主張した。会社は、女性の担当する仕事は単純・補助的で最下級の値打ちしかないし、女性は職業意識や向上心も低いという認識を示した。このような偏見に満ちた女性労働者観を前提に、女性労働者の長期継続勤務は仕事と賃金の乖離（かいり）をもたらすから、会社にとり不合理であり、女子若年定年制は合理的である、と主張したのである。

なお、このような女性労働者観は修正されてきてはいるが、今もなお保持されている面もあり、女性にとって懸念すべき考え方である。

〔判決の要旨〕

i 本件と労基法3条、4条との関係
　　──直接的な法的根拠か否か

原告女性労働者は、女子若年定年制が労基法3条、4条違反と主張したのに対し、会社は違反していないと主張したので、判決はまず、この問題と労基法3条、4条との関係性を判断した。

ところで、労基法3条は「労働条件の均等待遇」を定めた条文である。

──────────
3）東急機関工業事件については、同上、参照。

「使用者は、労働者の国籍、信条又は社会的身分を理由として、賃金、労働時間その他の労働条件について、差別的取扱をしてはならない。」

このように労働条件の差別的取り扱いを禁止しているが、その理由は、「国籍、信条、社会的身分」であって、「性」は含まれていない。それは労基法には「母性保護」に関する規定があるためである。母性保護とは、妊娠・出産という母性機能を担う女性労働者に対し、労働によってその機能に支障をきたすことがないように、特別の労働条件を保障したものである。代表的な例が、産前・産後休暇である。

「母性保護」規定は、事柄の性質上女性労働者だけを対象としており、形式的には男女異なる取り扱いが認められている。そのため労基法3条の条文には差別の理由として「性」が明記されなかったのである。それは女性労働者に対する差別を認めるものではないし、逆に労働条件の実質的男女平等を意図したものである。女性労働者が、妊娠・出産という母性機能を無事遂行するためには、母性保護が必要であり、それが保障されてこそ、男女労働者は実質的に平等な取り扱いとなるからである。

また、労基法4条は「男女同一賃金の原則」を定めた条文として有名である。「使用者は、労働者が女性であることを理由として、賃金について、男性と差別的取扱いをしてはならない。」この条文は、均等法が誕生するまでは、労働条件に関する男女平等を定めた唯一の条文であった。つまり差別を明示的に禁止しているのは「賃金」のみであった。

判決は、このような労基法3条、4条の特徴をふまえながら、また「罪刑法定主義」（罰は法律の条文に書かれている事柄に限定し、拡大解釈はしない）の立場に立って、労基法3条、4条は、女子若年定年制が違法かどうかを判断する直接的法的根拠ではないという結論を下した。

とはいえ判決は、それでおしまいではなく、女子若年定年制が女性労働者に対し著しく不利益をもたらす不合理な制度であれば、民法90条により無効となるとして、続けて会社側主張を逐一検討したのである。

ⅱ 女性労働者の仕事内容について
—— 「女性はすべからく単純・補助業務（軽雑作業職）」か？

　会社は女性労働者が担当している多種多様な仕事を一括して「単純・補助業務（軽雑作業職）」とし、最下級の職種に位置づけていた。しかし女性労働者が担当する仕事は、職種としては「事務職」もあれば「作業職」もあった。例えば、「和文タイピスト」は作業職であり、かつ、特殊な技能を要する仕事であって、決して単純・補助業務ではない。また原告女性が担当していたのは、給与計算業務事務であり、事務職に含まれるが、等級としては「中級以上」に位置すべきものであり、決して単純・補助業務ではない。

　このように、会社は女性労働者の従事する仕事について、作業の種類も、等級も的確に区分することなく、一括して最低ランクに位置づけ、「軽雑作業職」と分類していたのである。判決ではこのような職務分類は「職務分類の常識に反し，何らの合理性はない」[4]と断罪し、会社の誤りを指摘した。

　また男性労働者で女性労働者と同じ仕事に従事していても、最下級に位置づけなかったが、これは明らかな男女差別であり、合理的根拠がないと判断した。

ⅲ 仕事と賃金の関係について
—— 「女子は長期勤続すると、仕事と賃金に乖離が生じる」か？

　会社は、女性の担当する業務が単純・補助業務であるから、短期間に習熟してそれ以上に能力は伸びないし、責任も軽く、職業意識に欠けるから、長期勤続すると、「モラルと生産能率は低下」[5]し、年齢とともに高くなる賃金とは乖離して不合理である、と主張した。

　それに対し判決では、このような会社側主張は、民法第1条2項の「信義則」に違反していると判断した。「信義則」とは「権利の行使及び義務の履

4）赤松編、前掲書、17ページ。
5）同上、16ページ。

行は、信義に従い誠実に行わなければならない。」（権利義務関係の当事者は、社会の共同生活の一員として、互いに相互の信頼を裏切らないように誠意をもって行動することが必要である）というものである。会社側の主張する仕事と賃金の乖離という問題点は、会社の労務管理の結果もたらされたものであって、女性労働者に原因があるわけではないからである。

　そもそも女性労働者を「軽雑作業職」に配置したのは、女性労働者の希望や合意を得たからではなく、会社命令として決定したことであるし、能力向上や責任感と関係する配置転換や昇進・昇格の機会を与えないのも、会社の決定によるものであって、女性労働者の要望を聞いたわけではない。さらに賃金が年功序列賃金であるのも、会社の方針によっている。このように、会社が女性労働者の長期勤続の問題点としてあげていることは、すべて会社の人事管理の結果もたらされていることであって、女性労働者にはなんら責任のないことである。

　女性労働者の責任に帰すことのできない自らの人事管理が招いた問題点を理由に、女性労働者を一律に早く辞めさせるのは、会社の誠意のない対応であり、信義則に反する、というものである。

iv　既婚女性労働者への偏見について
　　　──「既婚者は家庭責任をもち、勤務に支障が出る」か？

　会社側はまた、既婚者の場合、家事・育児等の家庭責任を負うので、勤務に支障をきたすから、一定年齢で辞めるのが合理的である、と主張している。それに対して、判決では、既婚者が一般に勤務成績が悪いとはいえないし、もし問題があれば、個別に対応すべきであって、女子若年定年制を導入して一律に辞めさせる理由にはならない、と述べている。

　以上のとおり、判決では、会社側主張を逐一検討した結果、その主張に合理性がなく、女子若年定年制導入の正当な理由・根拠はないと判断した。こうして女子若年定年制は、女性労働者に著しく不利益をもたらす不合理な制度であるので、公序良俗に反しており、民法90条にのっとり、無効である

第 1 章　女性労働者の裁判の歩み　　27

と判断されたのである。

（参考）**男女別定年制——日産自動車事件**（最高裁　1981 年）

　女子若年定年制と同様に、男女で定年年齢を異にする制度として「男女別定年制」がある。こちらは、定年年齢が中高年に設定されているが、男女で5 〜 10 歳ほどの開きがある。この制度についても、幾多の裁判が争われてきたが、最高裁で違法・無効の判決を勝ちとったのが、「日産自動車事件」[6]である。

　日産自動車では男女の定年年齢に 5 歳の差を設け、男性 55 歳に対し、女性は 50 歳であった。そのため女性労働者は男性より 5 年早く辞めざるを得ず、このような制度は男女差別である、と原告女性が訴えた。

　この裁判でも、会社側は、女子若年定年制裁判で主張されたのと同じ論法で、女性労働者は男性労働者より早く辞めるのが会社に取り合理的であると主張した。具体的にいえば、ア．女性労働者の担当する仕事は単純で補助的であるから、長く勤めると、仕事と賃金がアンバランスになる、イ．「生理的機能は、女性の 55 歳は男性の 70 歳に相当する」[7]ように、女性の生理的機能は早く衰えるので、早く退職するのが合理的、というものである。

　ア．については、すでに女子若年定年制でその問題点を指摘した通りである。しかも日産自動車の女性社員は、単純・補助業務ばかりではなく、相当広範囲の職務を担当していた。原告女性も、製図工の資格をもち、トレース工や製図工として勤務していた。

　イ．については、判決は、50 歳では生理的機能に男女で差はないし、仮に生理的機能の低下に差がみられても、労働能力と生理的機能とはまったく同じではなく、労働では生理的機能の 50 〜 60％程度を発揮しているだけだから、生理的機能に低下がみられたとしても、それで労働能力に支障をきた

6）日産自動車事件については、大脇・中野・林　前掲書、参照。
7）仮処分の第 2 審判決では、「一般的に見て女子の生理的水準は男子に劣り、女子五五歳のそれに匹敵する男子の年齢は七〇歳位と見られている」と述べられていた（大脇・中野・林　前掲書、221 ページ）。

すわけではない、と述べて会社側主張を斥けた。

こうして男女別定年制をめぐる日産自動車事件の最高裁判決（1981 年）は、性を理由に定年年齢に差を設けることは公序良俗に反し、違法・無効であるとの判断を示した。原告の中本ミヨは、「一歳の差別は一切の差別に通じる」と訴えてきたが、その主張がようやく最終的に認められたのである。

住友セメント事件に始まる女性正社員の退職制・定年制の男女差別を争った裁判は、日産自動車事件の最高裁判決の勝訴で最終決着をみることとなった。

③ 既婚女性整理解雇事件——古河鉱業事件（前橋地裁　1970 年）[8]

女性正社員の雇用の出口をめぐる代表的な差別裁判としては、次に紹介する既婚女性の整理解雇事件もある。企業の経営状態が悪化し、人員整理が実施される際に、真っ先に対象にあげられるのが非正規従業員であるが、正社員のなかでは、共働きの女性労働者である。本件はそのような事例のひとつであり、共働きの女性は会社を辞めても生活に困らない、というのが会社の言い分である。本裁判ではそのような慣習に依拠して、解雇は妥当との判決を下したが、その後の同様の裁判では逆に既婚女性差別であると、既婚女性の労働権を保障する判例が主流になっている。

〔事件の概要〕

経営状態の悪化した古河鉱業は、経営再建のための合理化策を立案し、間接部門を簡素化した。その結果、間接部門に在籍していた 10 名の女性従業員が余剰人員とされた（男性は 5 名で合計 15 名）。男性とは異なり直接部門（製造部門）への移動ができないため、希望退職を募ったところ、原告以外の女性従業員（既婚女性 7 名、未婚女性 2 名）が退職届を提出した。しかし原告（既婚女性）は退職届を提出しなかったために、労働組合の承認も受けたとして、就業規則の「已むを得ない事業上の都合によるとき」[9]にあたる

8）古河鉱業事件については、赤松編、前掲書、大脇・中野・林 前掲書を参照。
9）赤松編、前掲書、79 ページ。

として、解雇されたものである。

〔判決の要旨〕

この裁判は、女性労働者の差別撤廃裁判のなかではめずらしく敗訴した事例である。後述するように問題点の多い判決内容となっていることに、留意していただきたい。まずは判決内容を紹介しよう。

ⅰ 余剰人員の整理の必要性について

会社は経営危機に陥っており、それを救済し、会社を再建するためには、余剰人員の整理が必要である。判決は、そういう会社側主張をそのまま容認し、人員整理を安易に承認した。

ⅱ 人員整理対象者の選定について

人員整理の対象が女性となったのは、今回の合理化で廃止・縮小業務となったのが間接部門であり、そこに従事しているのは女性従業員が多かったためである。また女性従業員は、会社の作業内容（機械製造）からして、男性のように直接部門への配置転換はできない。さらに余剰人員となる女性の大部分は既婚女性であるが、女性はこれまで結婚すれば退職するのが慣例であったし、既婚女性は共働きであるから、仮に退職しても生活に困るということはない。以上のさまざまな理由から、女性、それも既婚女性を人員整理の対象とすることは合理的である、という判断である。

ⅲ 原告M子の解雇について

原告M子は既婚女性で共働きであるので、会社を辞めても生活に困ることはない。また他の退職した女性たちも、進んで辞めたわけではなく、会社の事情を考慮してやむを得ず希望退職に応じてくれた。にもかかわらず、原告M子だけが辞めたくないということで辞めなければ、退職してくれた他の女性たちの感情を害し、会社の労務管理への信頼をなくすことになる。また将来会社で人員整理が必要となったとき、M子のように辞めない人が出れば、会社の労務管理に支障が生じる。以上の理由からM子を解雇するこ

とは、やむを得ないという判断を下した。

「その（解雇：著者注）対象者として諸般の事情を考慮した結果、解雇に最適の者として選ばれた者が、既婚の女子である原告であった……」[10]と、判決は述べている。

このように、本判決は、「経営危機」による人員整理を安易に認め、その対象として女性、とくに既婚女性は「最適」とまで表現して、会社の労務管理の犠牲になることを容認したのである。

〔本判決の問題点〕

古河鉱業事件と類似の裁判として、希望退職・一般整理解雇・指名解雇に際し、その選定基準として「有夫の女子」、「30歳（27歳、25歳）以上の女子」、「既婚の女子で子供2人以上いる者」が採用されたことを、既婚女性差別として争った裁判がある。これらの裁判では、女性労働者の訴えが認められ、勝訴している。これらの判決こそ、既婚女性解雇裁判の主流なのである。

古河鉱業事件判決は、これらの主流とは異なり敗訴となったが、本判決の主要な問題点として、以下3点を指摘しておこう。

i 人員整理の必要性の認定の安易性
—「整理解雇の4要件」に照らして

日本では戦後、人員整理をめぐり多くの労働争議があり、紛争解決のために裁判が行われてきた。その過去の判例の積み重ねから、整理解雇に関する条件として、「整理解雇の4要件」が形成され、遵守されてきた。

この「整理解雇の4要件」とは、整理解雇を行う際には次の4つの要件を満たしていなければいけないというものである。

まず第1は、「人員整理をする経営上の必要性」である。会社が経営危機に陥ると、社長など経営者は悲観的になり、経営状況を実態以上に悪くみて、人員整理を安易に必要と判断する傾向がある。しかし必要なのは、経営者の

---

10) 赤松編、前掲書、80ページ。

主観的判断ではなくて、会社の経営状況に関する客観的で正確な判断である。会社経営に関する客観的情報に基づき再建の可能性や方法の冷静な検討が求められる。そして、その客観的判断によっても人員整理が必要と考えられる場合にのみ、人員整理はやむを得ないと認められる。

第2に、人員整理が必要としても、会社は整理解雇を避けるためにできる限りの手段をとることが求められる。整理解雇は、労働者になんら責任がないにも関わらず、労働者の生活を根底から覆し、きわめて大きな経済的・精神的苦痛をしいる過酷なものである。したがって、できる限り整理解雇を避けるために、希望退職を募集するとか、退職者の不補充による自然減で対処するなど、できる限り整理解雇を回避する努力が求められる。

第3に、それでも整理解雇が必要な場合は、誰をその対象者とするか、合理的な選定が求められる。会社が常日頃から好ましく思っていない組合活動家などをこの際排除しようとすることもあるが、そのような恣意的判断ではなく、客観的選定基準に基づいて、公正・公平に行われなければならない。

第4に、このような解雇手続きについて、労働組合や職場の労働者にしっかり説明し、理解や納得を得られるように十分な協議の機会をもつことも求められる。会社側の判断で決定して終わりではなく、誠実な交渉・説得が求められるのである。

以上が「整理解雇の4要件」である。この基準に照らすと、この判決は、人員整理に関する会社の主観的判断を簡単に容認したものといえる。そもそもたった1名の既婚女性を解雇することによって、会社の経営危機が克服できるというのだろうか。

ⅱ 対象者選定の合理性
　　──既婚女性が対象は、「たまたま」か「制度」的か

既婚女性が整理解雇の対象となったのは、解雇対象者を合理的に選定した結果、たまたまそうなったのか、それとも既婚女性を排除する意図をもって選択した結果なのかということである。判決は前者だといっているが、実際は果たしてそうだろうか。既婚女性は共働きで夫の経済力があるから、解雇

されても生活に困窮しないとか、既婚女性は家庭にとらわれて会社に対する貢献度が低いという固定観念・偏見が根強く存在していたのではないか。

　というのは、もし公平に人員整理の対象者を選ぶのであれば、全社員を対象に、「企業への貢献度」と「生活状態」の２つの基準から考慮する必要があったからである。これが、整理解雇の４要件のうちの第３の合理的な選定基準である。「企業への貢献度」では、原告Ｍ子は勤続10年以上であるから、当然、相応の労働力評価が下されてしかるべきであった。また「生活状態」についても、他の労働者との比較衡量がなされてしかるべきであった。公平な検討もなされず、整理解雇対象者とされたのは、既婚女性という固定観念・偏見にとらわれて、最初から排除されるべき対象とみていたからではないだろうか。

ⅲ　希望退職と整理解雇
　　　　──「希望退職に応じない者は整理解雇するのが妥当」か？

　会社は、他の女性従業員が希望退職に応じて辞めてくれたのだから、Ｍ子が希望退職に応じないのであれば整理解雇するほかないと主張している。しかし希望退職は、会社の経営が厳しいから、この際辞めてもらえないだろうかという会社提案に対し、本人の自由意思に基づき会社を辞めるか否かを決定するという制度である。辞めるか辞めないかは、あくまでも本人の自由意思に任されている。辞めた人が辞めなかった人に対して、どのような考え・感情をもつかは自由だが、もし不満に思うのであれば、自分も会社や労働組合に抵抗してでも辞めなければよかったのである。

　整理解雇は、使用者の一方的意思による雇用の打ち切りであり、希望退職よりも格段に厳しい措置である。同列の選択肢ではない。また、希望退職は、整理解雇を回避するために選択される制度である。希望退職に応じなければ整理解雇するのであれば、希望退職は、整理解雇をちらつかせた強制的な退職強要となり、制度の本来の趣旨にもとることになる。

　また、すでに希望退職で人員削減目標をほぼ達成していたのであるから、なおさら整理解雇は必要なかったといえよう。

第1章　女性労働者の裁判の歩み　　33

　要するに、この事例は、既婚女性への固定観念・偏見に基づき、整理解雇の4要件を遵守せず、元同僚の不満と今後の労務管理を優先させて、強引にM子の整理解雇を正当化したものであり、不当な女性差別判決といえるものであった。

　以上で、女性正社員に対する「退職・定年・解雇」をめぐる主要な判例の紹介を終え、次に臨時労働者の「雇用の出口」をめぐる裁判について、紹介していこう。現在、臨時労働者は、「有期雇用労働者」として急増し、不安定な雇用と低賃金に苦しんでいる。しかしかつて争われた裁判で、臨時労働者の労働権を保障する最高裁の判決も出されている。形式にとらわれず、雇用の実質に注目して、臨時労働者の労働者としての権利を保障しようとする内容の判決であった。この判決（法理）は、その後の同様の裁判で踏襲されてきたが、2012（平成24）年には、労働契約法に組み込まれ（第19条）、法律に格上げされた。その意味で、決して過去の判決ではなく、今もその内容が周知徹底され、有効に活用されるべき判決であるといえよう。

（2）臨時労働者の雇用期間満了を理由とする「解雇」を　　めぐる裁判

　日本には、正社員ではなく、「臨時」として雇われる労働者がたくさんいる。「臨時」労働者というのは、雇用契約期間が1カ月以上1年以内に限定されて雇われる労働者のことである。それに対し、正社員は、雇用契約期間に制限のない形で雇われ、新入社員として採用されれば定年まで長期にわたり社員としての「地位」が保障される労働者のことである。なお臨時よりももっと短期間の雇われ方が、「日雇い」であり、1日以上1カ月以内の期間に限定して雇われる労働者のことである。
　ところで、「臨時」労働者が短期間の雇用契約を締結させられるのは、彼らが本当に短期間しか必要ないからではない。数カ月の雇用契約であっても、満期がきたときに何度も契約をし直し（契約の更新という）、何年にもわたり、なかには何十年にもわたり働いている労働者もいる。つまり、日本では、

労働の実態とかけ離れて、雇用契約だけ短期に限定するというやり方が横行してきた。

　それは、会社が必要と思われるときに簡単に辞めさせられるし、臨時であれば正社員より賃金や福利厚生費も安くて済むという、まさに会社の都合や利益を優先させた結果である。臨時労働者に不利益と不公正を押しつけ、会社の人件費負担を軽減するというやり方である。このような仕組みのもと、働かされる労働者が昔からたくさんいたが、1990年代半ば以降、装いも新たに、同様の労働者が急増している。

　問題は、臨時労働者の場合、経営者のみならず労働者本人も、雇用契約期間に制限がある以上、期限がくれば辞めさせられてもしかたがないと考える人が多いということである。とはいえ実際の雇用が契約と異なり長期にわたれば、労働者とすれば、今後も働くことができると期待する。ところが、会社の都合であるとき突然、雇用契約が満了になるのでこれまで、と雇用の終了を通告されると、労働者の不満や怒りが爆発することとなる。そのうちの一部は労働争議や裁判に発展してきた。

① 臨時工の契約更新拒絶——東芝柳町工場事件(最高裁　1974年)[11]

〔事件の概要〕

　東芝柳町工場には、2カ月の雇用契約の臨時従業員（以下、臨時工と略す）がいた。臨時工といっても、雇い入れの際、会社側から「一応臨時工となっているが、まじめに働いていれば首になることはない」[12]とか、「女は五〇歳、男は五五歳まで働ける」[13]等といわれた。仕事内容も、本採用従業員（本工）とまったく同じで、工場労働の基幹的部分を担当していた。雇用契約は満期となる2カ月がくると更新されるが、手続きは杜撰（ずさん）で、更新時期が遅れたり、まったく行われないこともあった。臨時工の就業規則には、1年以上の雇用を前提とした、年次有給休暇の規定や、本工への登用の規定も

11）東芝柳町工場事件については、赤松編、前掲書、参照。
12）同上、43ページ。
13）同上。

記載されていた。

このような雇用契約の状況のもと、数回ないし二十数回の契約更新がなされてきた7名の臨時工に対し、会社側は、1960（昭和35）年11月から63年5月10日までの間に、雇用契約期間満了として契約更新拒絶（「雇い止め」という）の意思表示をした。

〔判決の要旨〕

 i 雇用契約の認定

裁判では、「労働契約」と「実際の雇用関係」が乖離する場合に、労働者の雇用関係はどのように判断されるのかが最大の問題である。あくまで当初締結した「労働契約」が生きるのか、それとも「実際の雇用関係」に即して雇用契約が判断されるのか、ということである。

1974年7月22日の最高裁判決は、臨時工の雇用契約は、「雇用の形式」ではなく、「雇用の実質」で認定すべきとの考えを示し、「本件各労働契約は、期間の満了毎に当然更新を重ねてあたかも期間の定めのない契約と実質的に異ならない状態で存在していたものといわなければなら」[14]ないと述べている。

つまり臨時工は、「雇用の形式」では2カ月の雇用契約の臨時労働者であるが、「雇用の実質」では「期間の定めのない契約」の労働者と異ならない、実質本工（正社員）と同じと認定したのである。

 ii 「期間満了による契約更新拒絶」について

臨時工たちは、「雇用の形式」では臨時工として2カ月の雇用契約が満了し、次回の契約は更新しないとして雇用の打ち切り（雇い止め）をいいわたされた。しかし「雇用の実質」では「期間の定めのない契約」の労働者、本工と変わらないから、この契約更新拒絶は、本工（正規従業員）に対する「解雇」の申しわたしと同じこととなる。

14）赤松編、前掲書、43〜44ページ。

そこで、今回の本工（正規従業員）に対する解雇のいいわたしが、妥当であるのかどうかが、問題となる。解雇はいうまでもなく労働者本人の意に反して、生活を根底から覆す重大な行為（雇用契約の変更）であり、したがって従来の取り扱いを変更してもやむを得ない事情のない限り、信義則上からも許されない。しかし今回はそのような特別の事情は認められないから、解雇の申しわたしは経営者の「解雇権の濫用」にあたる。よって解雇の申しわたしは無効である、との判決となった。

〔判決の意義〕
日本の臨時労働者は、雇用契約期間が短期であることを理由（口実）に、雇用契約期間を超えて長期に雇われていても、会社の都合でいつでも辞めさせられ、雇用の不安定という問題を抱えている。しかしこの最高裁判決によって、雇用契約はあくまでも「雇用の実質」によって認定すべきであると、臨時労働者の労働権を保障する考え方に立った判断が下されたのである。つまり、これまでの安易な臨時労働者の辞めさせ方に警鐘を鳴らしたきわめて重要な判決である。

この判決は、最高裁判決として、その後の同様の裁判で踏襲すべき見解として遵守されてきたが、2012（平成24）年の労働契約法の改正で、第19条の条文として法律に格上げされた。非正規労働者が激増し、雇用トラブルも多発するなか、有意義な法改正であったといえよう。そのような法律として再生・存続することのできた、有効な判決であった。

（参考）常勤アルバイトの解雇──朝日放送事件（大阪地裁　1975年）[15]

朝日放送では、1960年代後半から、合理化の一環として、女性社員については正社員の採用を辞め、すべて常勤アルバイトという形で採用することとなった。雇用契約期間は6カ月、更新は最初から3回までと決めており、雇いはじめて2年がたてば雇用が終了する「有期雇用契約」であった。

15）朝日放送事件については、赤松編、前掲書、参照。

とはいえ仕事内容は、これまでの女性正社員が担当してきた業務と同じであった。原告女性の場合、ラジオ放送事業の中心的業務全般を担当していた。にもかかわらず、労働条件は賃金、一時金、休暇等において正社員と著しい格差があった。

会社は、雇い入れから満2年たった1973（昭和48）年7月31日および74年3月31日、原告2名を退職したものとして、従業員として扱わなかった。

この裁判においても、まず原告女性従業員の雇用契約の認定が問題となった。判決では、契約期間は6カ月と限定されているが、3回までは更新されることになっているので、この契約は、当初より1年を超えて継続することが想定されている。したがって労基法上の「期間の定めのない雇用契約」に転化されている、と判断された。

そのうえで、この雇用契約には、雇いはじめて2年が経過すれば雇用は終了するという条件が付いている。このような雇用のしかたは、定年制と類似の制度であり、とくに「若年定年制」と類似の制度である、と認定した。

2年の有期雇用契約（2年で雇い止め）ということは、若年定年制を理由として解雇することと同じである。そこで、若年定年制を理由とする解雇が妥当であるかどうかが問題となる。朝日放送では、放送番組（仕事）が継続している状況で、担当者を交替させるのであるから、女性労働者の解雇は、会社側にはなんら合理的利益はないが、一方、女性従業員にとっては、職場を奪われる経済的損失と精神的苦痛を強いるもので著しいアンバランスとなる。したがって、この解雇は解雇権の濫用として許されない、との結論に達した。

高度経済成長期の「雇用の出口」裁判の意義

以上述べてきたように、1960年代に開始された「雇用の出口」に関する女性差別撤廃の裁判は、おおむね原告女性の勝訴となり、女性がその意思と希望にしたがって働き続ける権利を確保することとなった。

これまで女性は結婚・出産・育児・年齢など、さまざまな理由で会社から早く辞めることを強要されてきたし、低賃金労働力として利用するために、

「臨時」（非正規）という男性には少ない雇用契約[16]で、採用・解雇されてきた。しかしこれらの不合理・不利益を、女性差別として裁判で明らかにし、法理論的には辞めさせることができないことを証明した。

こうして、女性労働者は、働き続ける権利を確保したのであり、女性労働者の闘いは、次に雇用期間中の差別処遇の撤廃に向け、さまざまな問題に挑戦していくこととなる。

3. 賃金をめぐる裁判

1970年代に入ると、女性労働者の差別撤廃の闘いは、賃金、昇進・昇格などにも対象が広げられた。格差是正は次第に中核に近づいていくことになる。また1980～90年代になると、昇進・昇格や男女別コース制、同一価値労働同一賃金をめぐり争われるようになり、格差是正の闘いは、ますます先鋭化していくことになる。

ここではまず、賃金をめぐる男女差別の裁判を紹介していく。賃金についても、基本給、それも男女差別のわかりやすい生活保障を目的とした本人給の男女差別から、家族夫養責任のからむ家族手当、そして「同一価値労働同一賃金」へとテーマは変遷していき、時代の変化を反映している。

（1）基本給（本人給）の男女差別——秋田相互銀行事件

（秋田地裁　1975年）

——賃金の男女差別裁判第1号

〔事件の概要〕

日本における賃金の男女差別裁判の第1号は、秋田相互銀行事件[17]である。

16）例えば、1973年の非農林業雇用者の臨時雇いの割合は、女性が10.4%に対し、男性は2.8%である（『婦人労働の実情（昭和50年版）』56ページ）。

17）秋田相互銀行事件については、赤松編　前掲書、大脇・中野・林　前掲書、中島通子・山田省三・中下裕子『男女同一賃金』有斐閣選書、1994年、参照。

第1章　女性労働者の裁判の歩み　　39

　秋田相互銀行の賃金体系は、生活保障を目的とする本人給と、能力評価を目的とする職能給の2つの基本給に、さまざまな手当を付加したものである。この裁判で対象となったのは、基本給の本人給である。

　本人給は、「職員の生活保障的性格を目的とし、調整生計費及び職員の年齢を考慮した本人給表（1）（2）により支給する」[18]とされている[19]。秋田相互銀行では、「扶養家族」の有無を理由に、本人給は男女で異なり、男性は年齢が高くなるにつれて上昇する（55歳の賃金は18歳の賃金の約3倍）のに対し、女性は26歳以降、それまでは男性と同額であったものが、昇給が少なくなり、定年の55歳でも男性の31歳の本人給におよばない（55歳の賃金は18歳の賃金の約2倍）という状況であった。

　そこで、女性行員が、このような本人給は男女差別であると訴えたのが、この裁判である。

〔判決の要旨〕

　ｉ　賃金差別の認定について

　銀行側の主張は、男女で本人給に差が出るのは、「扶養家族」の有無による、というものである。しかし男性行員にも「扶養家族」のいない者もいれば、女性行員でも「扶養家族」のいる者もいる。それでも、男性行員には「扶養家族」有の男性用本人給表（1）を適用し、女性行員には「扶養家族」がいても、「扶養家族」無の女性用本人給表（2）を適用していた。

　銀行側は、裁判の途中で、本人給表の適用に一定の修正を加え、扶養家族のいない男性行員には、女性行員用の本人給表（2）を適用した。しかしそれと合わせて、（1）と（2）の差額を「調整給」として支給したため、結局、従来通り（1）を適用したのと同じ結果になっていた。

　このような銀行側のやり方をみて、判決は、本人給は労基法4条（男女同

──────────
18) 赤松編　前掲書、247ページ。
19) 会社が支払う賃金については、あらかじめさまざまな要因を総合して決定されている。その金額の一覧が、賃金表である。賃金決定要因としては、職種、学歴、勤続年数（年齢）、経験年数、資格等級などがある。

一労働同一賃金の原則〉違反と判断した。

ⅱ　差額の支払い請求について

本人給に関する労働契約は、労基法4条違反と認定されたので、この部分の労働契約は無効となり、空白となる。その空白を埋めるのは、労基法13条にのっとり、労基法4条に適合する労働契約である。労基法13条は、空白となった労働契約は、労基法の基準で補填されるべしという内容である。したがって、女性行員の本人給表を、男性行員の本人給表に替え、男性行員と同じ賃金を支給することとなった。

女性行員の本人給表の変更（給与規定の変更）は、これまで差別されてきた過去の賃金に対し、男性行員の賃金との差額を支払わせるだけでなく、今後は男女行員間の賃金格差を解消することができる。つまり、過去の損害賠償にとどまらず、今後は全女性行員の賃金差別を解消するという効果的で大きな救済となったのである。

〔秋田相互銀行事件の意義〕

秋田相互銀行事件は、賃金の男女差別裁判の第1号という歴史的意義をもっている。しかし単にそれだけではなく、この判決は社会的反響の大きさからも、また法理論的有効性からも、大きな意義をもっている。

まず社会的反響の大きさという点でいえば、この判決後3年（1978・昭和53年4月）までの間に、全国の23行で約20億円にもおよぶ同様の賃金の後払い（バックペイ）が行われた。秋田相互銀行と同様の賃金体系を採用していた銀行では、女性行員や労働組合から、労働基準監督署に賃金の男女差別の訴えがあり、調査の結果、賃金差別が認められ、差額の支払いを命じられたのである（なかには1行で2億円にもおよんだケースもあり、すでに退職していた元女性行員にも支払われた例もあった）。

法理論的意義としては、賃金差別是正の根拠に労基法13条を適用したことである。その結果、女性行員に適用する賃金表の変更を命じることとなって、過去の損害を賠償するのみならず、これからの賃金差別もなくし、女性行員全員の賃金差別を撤廃することになったのである。賃金差別の是正は、

損害賠償請求として行われることが多いが、それに比べ、改善効果の大きい救済理論であるといえよう。

（参考）三陽物産事件（東京地裁　1994 年）

　秋田相互銀行事件の約 20 年後、それと同様の、ただしより巧妙化した本人給の男女差別事件が、三陽物産事件である[20]。三陽物産は、1985（昭和60）年に新給与制度を導入し、基本給は本人給と資格給の 2 本立てとした。そのうちの生活保障を目的とした本人給は、世帯主か否かを基準に支給し、世帯主には年齢とともに昇給するが、非世帯主および独身の世帯主には 26歳で昇給がストップする仕組みであった。ただし男性労働者には、非世帯主および独身の世帯主でも年齢とともに昇給するようになっていた。そこで、労働組合がこれは男女差別であると労働基準監督署に申告したところ、労働基準監督署の指導により、本人給は世帯主と勤務地の 2 つの基準により区別されることとなった。

　「世帯主」基準では、世帯主には実年齢に応じた年齢給が支給されるのに対し、非世帯主や独身の世帯主には 26 歳以降据え置きとされた。また「勤務地」基準では、会社が男性は全員勤務地無限定、女性は全員勤務地限定と分類したうえで、無限定の場合は、実年齢に応じた年齢給、限定の場合は26 歳で据え置きとした。この結果、男性は全員実年齢に応じた本人給が支給されるのに対し、女性は一部の世帯主を除き、ほとんどが 26 歳以降据え置きとなった。労働基準監督署が男女差別に加担する結果となったのである。

　この裁判では、「間接差別」の概念が適用され、画期的な判決が下された。判決は、まず「世帯主・非世帯主」基準の適用について、女性の大多数が非世帯主または独身の世帯主という現実をふまえれば、女性には不利益であることを容認して（差別意思）、この基準を適用したのであるから、女性を理由とした差別である、との判断を示した。

　一方「勤務地限定・無限定」の基準の適用については、三陽物産では広域

---

20)　三陽物産事件については、大脇・中野・林　前掲書、中島・山田・中下　前掲書、参照。

配転は実際には行われておらず、名目的であり、また女性全員を限定に振り分けたのは、女性従業員の賃金を低く抑えるという結果を容認して（差別意思）この基準を適用したのであるから、女性を理由とする差別であるとの判断を示した。

世帯主や勤務地というのは、性とは関係のない基準ではあるが、その適用によって、いずれかの性が著しい不利益を被るときは、これも性差別であり、「間接差別」といわれる。

イギリスの「性差別禁止法」は、1975年の成立当初より、直接差別も間接差別も性差別として禁止してきた。1979年に国連で成立した「女性に対するあらゆる形態の差別撤廃条約」（以下、女性差別撤廃条約と略す）でも、同様に禁止している。

それに対し、日本で初めて間接差別を禁止した法律は、1999（平成11）年に成立した「男女共同参画社会基本法」であり、「均等法」に間接差別禁止規定が盛り込まれたのは、2回目の改正の2006年のことである。

三陽物産事件判決は、まだ国内法としては間接差別禁止規定が成立していない段階で、日本も批准した「女性差別撤廃条約」に基づき、間接差別を初めて適用した先駆的判決といえよう。

なお間接差別の認定として、本判決は、会社の差別意思を重視しているが、ヨーロッパでは、差別意思は問題とせず、客観的事実のみによって、差別にあたるかどうかで判断する。

（2）家族手当の男女差別——岩手銀行事件（盛岡地裁　1985年）[21]

日本の賃金では、基本給以外に、さまざまな手当があり、その代表的なものの一つが家族手当である。扶養家族のいる労働者の生活を保障する目的で設けている企業も多い。ただしその支給対象は、「世帯主」と指定され、それはすなわち男性社員と理解されることが一般的であった。男性が稼ぎ、女性は家庭を守るという性別役割分業の支配的な時代にあっては、ある意味、

21）岩手銀行事件については、大脇・中野・林　前掲書、中島・山田・中下　前掲書、参照。

自然ななりゆきであった。

　しかし個別的にみれば女性が稼ぐ家庭もあるし、また時代の変化により男女共働きが増加するにつれて、このような解釈や規定が男女差別と認識されるようになった。

〔事件の概要〕

　岩手銀行の給与規定では、扶養親族たる子をもち、自己の収入をもって一家の生計を維持している（世帯主）行員には、扶養手当と家族手当を支給することとなっていた。ただし配偶者が扶養控除対象限度額を超える収入を得ている場合は、夫である行員に限って支給し、女性行員には支給しないこととなっていた。

　原告女性行員は、この規定に従い、すでに両手当の支給を受けていたが、夫が市会議員に当選してからは、手当の支給を打ち切られた。そこで、この給与規定は、既婚女性行員には家族手当を支給しないのに等しく、男女差別であると訴えた。

〔判決の要旨〕

　ⅰ　「家族手当」等は賃金である

　銀行は、「家族手当」等は、行員の生活扶助を目的とした給付であって、労働に対する報酬のいわゆる賃金ではないと主張した。しかし判決では労基法11条を根拠に、「家族手当」等も賃金である、との判断を示した。ちなみに労基法11条は、「この法律で賃金とは、賃金、給料、手当、賞与その他名称の如何を問わず、労働の対償として使用者が労働者に支払うすべてのものをいう。」と規定されている。「家族手当」が賃金（の一部）であることは、明白である。

　ⅱ　「世帯主」とは

　銀行は、世帯主とは社会通念上男性であり、夫婦共働きで、配偶者に扶養控除対象限度額を超える収入がある場合は、男性行員に限定するのは当然で

あると主張した。しかし原告女性の家庭では、夫に収入があっても、それは本人の政治活動に使用され、家計は相変わらず原告女性が支えていた。世帯主とは一家の生計を主として支える者のことであり、原告はまさに「主たる生計維持者」であった。

判決では、世帯主を一家の主たる生計維持者と解釈し、実態に即して、原告女性こそが世帯主であると判断した。

ⅲ　共働き女性行員への不支給は、労基法4条違反

判決は、銀行の給与規定は、世帯主に家族手当を支給すると規定しながら、夫婦共働きの場合、男性行員には妻の収入に関係なく支給するのに対し、女性行員には、実際に世帯主であっても家族手当を支給しないのは、労基法4条（男女同一労働同一賃金の原則）に違反する、との判断を示した。原告女性行員の訴えを認めたのである。

ⅳ　「社会通念」と憲法14条・労基法4条との関係

銀行は社会通念を理由に、世帯主を男性行員に限定し女性行員を差別したが、判決は、このような考え方が、憲法14条や労基法4条の実現を妨げていると叱責した。労基法4条は憲法に基づく具体的規定で、達成可能な理念であり、社会通念を理由に法律の遵守を怠ることを厳しく戒めた。すなわち、「たとえ東北地方の平均的住民が、本件給与規程をあたりまえのこととして許容しているとしても、労基法四条（男女同一賃金）は憲法の理念に基づく具体的規定である。これは達成可能な理念であり、この趣旨にもとるような観念は、『社会通念』『社会的許容性』『公の秩序、善良の風俗』として、法的評価の基準とすることはできない」[22]とした。

共働き女性が増加し、家族のあり方も変化していくなかで、その実態に合わせて、労基法4条を、家族手当においても遵守することを求める判決であり、原告女性の訴えが認められた判決であった。

22）大脇・中野・林　前掲書、57ページ。

第 1 章　女性労働者の裁判の歩み　　45

（参考）**日産自動車事件**（東京地裁敗訴　控訴審で和解　1990 年）[23]

　家族手当の支給を男性に限定する企業は岩手銀行以外にも多く、また条件も岩手銀行よりも厳しい企業も存在する。日産自動車は、そのような企業のひとつであった。しかし、裁判の結果、和解において、支給条件を性中立的に改善した画期的事例であり、合わせて紹介しておこう。

　日産自動車の家族手当は、支給条件が女性にとってはきわめて厳しく、かつ金額も大きかったため、賃金の男女差別を助長する結果となっていた。ちなみに女性従業員が受給できるのは、「夫が死亡、不具廃疾の場合又は疾病のため稼働不能で会社が特に認める場合」[24] であった。このような規程のため、女性従業員はほとんど家族手当を受給できなかった。

　そこで、女性従業員が、この規程は男女差別であると訴えた。裁判の過程で、会社は家族手当を「世帯主」、それも収入の多い実質的世帯主に支給すると、規程を変更した。それを受けて、女性従業員が家族手当の支給を申請すると、男性従業員には請求しないにも関わらず、女性従業員に対しては、配偶者である夫の収入の証明を求めた。

　規程の改正により、改善されたかのようにみえた。しかし、収入の多い実質的世帯主という基準では、男女別賃金格差の大きい日本の現状に照らし合わせると、男性は世帯主として認められても、女性が認められる可能性は少ないことになる。そこで、女性従業員はさらなる規程の改善を求めた。

　その結果、最終的に合意したのは、「性別、世帯主、収入の多寡にかかわらず、税法上の扶養家族について家族手当を支給する」[25] という内容であった。税法上の扶養家族とは、一定範囲内の血族や親族で、年収が 38 万円以内の、被扶養者のことである。このような規程で和解が成立したことによって、男女別なく、家庭や個人の要望に応じて支給を申請することができるこ

---

23) 家族手当をめぐる日産自動車事件については、中島・山田・中下　前掲書、参照。
24) 同上、78 ページ。
25) 同上、80 ページ。

とになったのである。この規程は、世帯主＝男性の慣習を打ち破る、性に中立な規程であり、今後、広く普及していくことが求められよう。

（3）同一価値労働同一賃金をめぐる裁判

　日本でもようやく市民権を得るようになった「同一価値労働同一賃金」という要求原則は[26]、男女が異なる仕事に従事することが多い職場において、女性の賃金を男性の賃金に比し正当に引き上げることを目的としたものである。欧米では1970年代から男女別賃金格差解消の手段として、活用されてきている。

　そもそも「同一価値労働」というのは、労働の具体的種類には関係なく、労働の価値に注目して、それが同じ労働のことをいう。私たちが目にする労働は、例えば調理師の仕事や大工の仕事といったように、具体的な形を取り、作られる物も異なる。しかし、同一価値労働は、そのような労働の具体的種類や形とは関係なく、どの労働にも共通するものである。

　男女は異なる職種・職務に従事することが多く、その違いが女性の賃金を不当に引き下げ、男女の賃金格差を生む原因のひとつになっている。そこで、労働のもつ価値に注目し、価値が同じ労働であれば、賃金も同じにすべきであるというのが、同一価値労働同一賃金の要求原則である。

　では労働の価値はどのようにして測られるのであろうか。欧米で一般的であり、ILOも推奨しているやり方は、要素得点法である。それは、どの労働にも含まれている4つの要素に基づき計算される。労働の価値を測る4つの要素とは、その労働の遂行に必要とされる知識や技能、労働遂行の際にかかるストレス（肉体的負荷と精神的負荷）、責任、労働環境である。

　これら4つの要素（実際にはさらに、1つの要素につきいくつかのサブファクターが設定される）にウェイトを配分したうえで（合計で100％）、各要素（ファクター）のレベル（得点）を複数設定しておく（すべての要素が最高であれば総得点数1000点）。そして、対象となる現実の労働につい

26）2016年の参院選では、主要各党が公約に「同一価値労働同一賃金」を掲げるなど、政治の世界でも「同一価値労働同一賃金」が政策課題となった。

第1章　女性労働者の裁判の歩み　　47

て、一つひとつの要素（ファクター）のレベルを判断し、評価する。すべての要素の得点を合計すると、その労働者の労働の価値が計算される（例えば、500点とか）。

　カナダ・オンタリオ州の事例は、次ページの表の通りである。技能に35％、精神的負担に10％、肉体的負担に10％、責任に30％、労働環境に15％、配分されている。この配分の割合は、要素（ファクター）の設定のしかたともども、国や州、産業・業種、職場により異なっている。とはいえ、大枠では共通している。

　男女の仕事が分離している状況下で、男女の仕事を同一基準で評価して点数をつけ、この点数に応じた賃金の支給を求めるものが、同一価値労働同一賃金の原則である。

　日本でも、この原則が知られるようになり、1990年代から、男女の賃金差別是正の要求原則として活用されるようになってきた。以下では、3つの裁判を紹介しよう。

① 男女正社員間の賃金差別——日ソ図書事件（東京地裁　1992年）[27]

〔事件の概要〕

　原告女性は、日ソ図書（ロシア語書籍の輸入販売業）に、1965（昭和40）年アルバイトとして採用され、翌年正社員となり、次第に男性と同じ責任ある仕事に従事するようになった。順次昇格もし、店長にも就任するなど仕事ぶりが評価されていた。ところが、定年退職直前になって、自分の基本給が、部下である男性社員より月額5万円も低いことに気づき、会社に是正を求めた。しかし会社は男女差別をしていないとして、要求を拒否した。そこで原告は、退職後、労基法4条違反として提訴した。

27）日ソ図書事件については、大脇・中野・林　前掲書、中島・山田・中下　前掲書、参照。

表１－１　サブファクターおよび各レベルへの得点の配分（事例）

ファクター，サブファクター	ウェイト	レベルの得点				
技　能	35%	1	2	3	4	5
知識	15%	30	60	90	120	150
コミュニケーション技能	10%	25	50	75	100	—
器用さ	10%	20	40	60	80	100
精神的負担	10%	1	2	3	4	5
仕事のプレッシャー	4%	8	16	24	32	40
精神的疲労	3%	6	12	18	24	30
視覚の集中	3%	10	20	30	—	—
肉体的負担	10%	1	2	3	4	5
手作業	3%	6	12	18	24	30
仕事量	3%	6	12	18	24	30
身体的疲労	2%	5	10	15	20	—
筋肉または神経の疲労	2%	4	8	12	16	20
責　任	30%	1	2	3	4	5
金銭上の責任	10%	20	40	60	80	100
業績上の責任	10%	20	40	60	80	100
製品に対する責任	10%	25	50	75	100	—
労働環境	15%	1	2	3	4	5
身体的環境	10%	20	40	60	80	100
偶発的な事故の危険	5%	10	20	30	40	50
総　　計	100%			総得点数		1,000 点

原典：日本ペイ・エクイティ研究会（1996）p.48、表２に加筆。
資料出所：森ます美『日本の性差別賃金』有斐閣、2005 年。176 ページ。

〔判決の要旨〕

i　原告の職務内容

　この裁判では、原告女性の従事した職務内容が、詳細に検討され、男性社員のそれと比較された。原告は、入社当初はアルバイトであったが、翌年か

ら正社員となり、1967 年には神田店の事実上の責任者になった。1972 年からは重要な業務（エヌカー発注業務）を担当して男性と同等の責任を負うようになった。その後、1979 年に課長待遇、1980 年に正式に神田店店長になるなど、順次昇格・昇進し、1982 年には次長待遇となった。定年の 6 年前のことであった。

ii　本件の賃金格差について

　会社は、原告の賃金が男性に比し低いのは、合理的理由があることであって、男女差別ではない、と主張した。原告の初任給は、男性正社員 4 名と比べて低いが、学歴・職歴・資格・技能・入社の経緯などが異なるためである。その後の昇給（定期昇給とベースアップ）も男女一律に行ってきたので、男女差別をしていない、というものであった。

　それに対し、判決は、原告の担当した職務内容に基づき、賃金の是正の必要性を承認した。原告は、1972 年以降は、男性と同等の責任ある仕事に従事していたのであるから、漸次、賃金格差を是正すべきであったし、少なくとも 10 年を経て次長待遇になった 1982 年までには格差を是正すべきであった、というものである。ちなみに原告は、1982 年から 1988 年の退職までの賃金と退職金の是正を求めている。

　それは、賃金は労働に応じて公正に支払われるべきであるからである。判決では、「年齢、勤続年数を同じくする男女間の賃金格差の合理的理由となり得るのは、その提供する労働の質及び量に差異がある場合に限られるべきであって、被告が主張する右事情のみでは本件賃金格差の合理的理由とはなり得ない。」[28]と述べている。つまり、賃金格差の合理的理由は、提供する労働の質と量の差のみであり、労働者の提供する労働の質と量が同じであれば、賃金は同じでなければならない、という見解である。これはまさに、同一価値労働同一賃金原則の表明にほかならない。

　なお、「年齢、勤続年数を同じくする男女」という表現は、原告女性と比較対照する男性の条件を述べたものである。なぜ年齢・勤続の条件が問題

28）中島・山田・中下　前掲書、92 ページ。

となるかといえば、この会社の賃金体系に関係している。日ソ図書の賃金は、年齢重視の年功序列賃金であるので、「同期入社、同年齢」であることが、労働要因を除けば、賃金が同じになる条件なのである。

つまり賃金表で同一の適用を受ける同一の「年齢・勤続年数」で、かつ、提供する労働の質と量も同じであれば、賃金は同じでなければならない。1972年以降、「同期入社、同年齢」の男性社員と労働の質と量が同じなのだから、男性社員との大きな賃金格差は、労基法4条に違反する賃金差別である、というのが判決内容である。

こうして判決は、会社が適切な是正措置を講じなかったのは、過失による不法行為と判断し、賃金差額相当額を損害賠償金（約466万円）として支払うよう命じた。

〔日ソ図書事件の意義〕

日ソ図書事件は、同一価値労働同一賃金原則にのっとり、男女賃金差別の是正を要求し認められた、日本で初めての裁判という大きな意義をもっている。欧米では1970年代から、この原則が男女の賃金差別を解消する有力な方法として活用されてきたが、日本でもようやく1990年代に入り、利用されるようになってきたのである。

またこの判決は、当初アルバイトで入社したとしても、その後担当する仕事が男性と同等の仕事に変更すれば、その時点から男性と同じ賃金を要求することができることを承認したという意味で画期的内容であった[29]。

② 正社員と臨時社員間の賃金差別——丸子警報器事件

（長野地裁　1996年）[30]

〔事件の概要〕

丸子警報器は、自動車用警報器などの製造販売会社である。既婚女性には、正社員の採用機会はなく、もっぱら臨時社員として雇われ、自動車部品の組

---

29)　大脇・中野・林　前掲書、62ページ。
30)　丸子警報器事件については、大脇・中野・林　前掲書、参照。

第1章　女性労働者の裁判の歩み　　51

み立てラインに従事させられた。女性臨時社員は、正社員とまったく同一の仕事を、同じ労働時間、長期にわたって勤務してきたし、研修にも同様に参加し、職業意識も高かった。雇用契約は2カ月の臨時だが、何度も契約更新を繰り返し、数年から25年を超えている者もいた。しかし賃金は、「臨時」であることを理由に低く、正社員との間に大きな賃金格差があった。そこでその是正を求めて提訴した。

なお臨時女性社員は、賃金差別の是正だけではなく、既婚女性であることを理由に採用の機会が臨時労働者に限定されていることなども含めて、雇用差別を問いただそうとした。

〔判決の要旨〕

i 採用差別、臨時と正社員は「社会的身分」による差別について

採用差別という訴えは、既婚女性には正社員の採用機会が与えられず、臨時社員の採用機会しかないということを問題にしたものである。丸子警報器は、1975（昭和50）年から、女性に対しては、未婚者は正社員として事務職に、既婚者は臨時として組立製造業務職に就かせることとした。その結果、既婚女性は、既婚というだけで正社員としての採用から排除されたのである。

判決は、採用差別であることを認めたものの、均等法も募集・採用は努力義務であり[31]、また労基法3条には労働条件の均等待遇の規定があるが、募集・採用は、入社前のことなので適用対象外である。したがって、採用差別ではあるが、法律違反とはいえない、というものであった。

一方、臨時と正社員の賃金をはじめとする労働条件の格差は、労基法3条で禁止する「社会的身分」による差別にあたる、との原告の主張に対しては、判決は、「社会的身分」とは、「自己の意思によって逃れることのできない

31）均等法は、1997（平成9）年の改正により、募集・採用などの努力義務規定が禁止規定に変更された。それまでは、禁止規定でなかったため、望ましくはないが、禁止まではされていないので、法律違反とは判断されなかった。しかし、同改正法が施行された1999年からは、このような募集・採用は均等法違反となっている。

社会的分類を指すもの」[32] であり、臨時と正社員の区別は、「雇用契約の内容の差から生じる契約上の差別」[33] であるので、社会的身分にはあたらない、として却下した。

ⅱ 同一価値労働同一賃金原則について

原告の女性臨時社員は、工場の組立てラインで、女性正社員とまったく同じ仕事を、同じ労働時間従事していた。しかし臨時ということで、賃金はもともと低いうえに、勤続年数が長くなるほど正社員との格差が拡大するようになっていた。そこで同一価値労働同一賃金の原則を根拠に、賃金差別の是正を求めた。

それに対し判決は、「同一（価値）労働同一賃金の原則は、不合理な賃金格差を是正するための指導理念となりえても、これに反する賃金格差が直ちに違法となる意味での公序とはならない」[34] との見解であった。なぜなら、日本の賃金は年功序列賃金が基本であり、扶養手当などもあり、労働に応じた賃金とはいいがたい。また、同原則を明言する実定法もないし、労働の価値の客観的評価も困難だ、というものであった。よって、同一価値労働同一賃金の原則は「公序」とは認められないので、裁判における法的判断の基準にこの原則を採用することはできないという見解であった。

ⅲ 「均等待遇理念」について

判決は、同一価値労働同一賃金原則を公序とは認めなかったが、「均等待遇理念」は公序であるとして、この理念に基づき、原告の訴えを基本的に容認した。

判決では、労基法3条・4条の根底には「およそ人はその労働に対し等しく報われなければならないという均等待遇の理念が存在している。」それは「人格の価値を平等とみる市民法の普遍的な原理と考えられる」[35] と述べて

32）大脇・中野・林 前掲書、194 ページ。

33）同上。

34）同上、195 ページ。

35）同上。

いる。

　女性労働者の雇用差別無効の根拠として活用されているのが、労基法3条・4条である。判決は、この条文の根底には、人はその労働に対して等しく報われねばならないという均等待遇の理念が存在していること、そして、それは市民法の普遍的原理である、と主張した。こうして、均等待遇の理念＝市民法の基本的原理＝公序という論法で、均等待遇の理念を公序と判断したのである。

　判決は、当時日本ではまだなじみの薄い同一価値労働同一賃金原則に替えて、均等待遇理念を法的基準に据えることによって、労働者の提供する労働への公平で公正な報酬や処遇を、公序として遵守されるべきと主張したのである。

　そこで判決は、原告臨時社員に対する労働条件の是正の必要性を指摘し、具体的には、臨時社員を正社員に登用するか、または正社員の賃金に準じた年功序列賃金を適用することが、必要であったと述べている。

　ただし同時に、使用者には一定の裁量権も認められる、とも述べている。

　こうして最終的には、「原告らの賃金が同じ勤続年数の女性正社員の八割以下となるときには、公序良俗違反となる」[36] という結論に達したのである。

〔丸子警報器事件の意義〕

　日本では、臨時労働者は、正社員と異なる雇用形態であるというだけで、賃金も切り下げられ雇用も不安定におかれることが多い。例えば、一般労働者の雇用形態別賃金格差は、正社員を 100 として非正規社員の水準は、所定内給与で 7 割弱（女性 69.8、男性 65.8）、年収だと 6 割程度（女性 60.9、男性 57.7）という状況である（2015 年の数値）。

　しかし丸子警報器事件では、同一価値労働同一賃金に替えて、均等待遇理念を根拠に、正社員との賃金差別を違法と認定する初めての画期的判決が下された。

　使用者に一定の裁量権を認めたため、2 割以内の格差は認めたものの、そ

───────────

36) 大脇・中野・林 前掲書、195 ページ。

れ以上の格差を違法と判断した。この2割の格差についても、のちの東京高裁の控訴審では、正社員の9割にまで格差を縮小する和解が成立した（1999年）。

　均等待遇理念は、日本の雇用慣行である雇用形態別差別を解消する大きな力をもっていることや、日本でもようやくその理念が正当に認められるようになったことを、丸子警報器事件は示している。

　さらにこの判決は、のちに「労働契約法」や「パートタイム労働法」の改正につながる大きな社会的影響力をもっていた。2012年の改正で「労働契約法」は、第20条に、有期雇用労働者と無期雇用労働者の労働条件について、有期労働契約であることを理由に不合理な相違を禁止する規定を新設した。また、「パートタイム労働法」も、2014（平成26）年の改正で、第8条に、パートタイム労働者と正社員との待遇の相違は合理的でなければならないと規定し、不合理な格差を禁止した。

③ 男女異職種・職務間賃金差別──京ガス事件

（京都地裁　2001年）[37]

〔事件の概要〕

　京ガス会社に勤務する原告女性は、入社して5年後から建設部に所属し、会社の土台ともいえる「ガス工事の入札積算業務と工事完了後の検収（精算）業務に専門化した事務職」として勤務してきた[38]。入社18年目の1998（平成10）年に、同期入社の工事監督職の男性の賃金と比べると、年収で120万円（手当を除く）〜185万円（手当を含む）程度の差があった。原告女性は、この大きな賃金格差は男女差別であり、損害賠償として差額賃金と慰謝料の支払いを請求したのが、本件京ガス事件である。

　それに対し、被告会社は、両者の賃金格差が、「職種、職務内容、能力、勤務成績等」によるもの、すなわち「労働の質・量」における差異によるも

37）京ガス事件については、森ます美『日本の性差別賃金──同一価値労働同一
　　賃金原則の可能性』有斐閣、2005年を参照。
38）同上、257ページ。

のであって、男女の性による差別ではないと主張した。

〔判決の要旨〕

　原告の賃金は、同期入社の監督職の男性に比し75％弱であり、賃金格差が存在する。一方、両者の各職務の価値には格別の差はない。判決は「原告と訴外Ｓとは同期入社であり、年齢がほぼ同じであること、被告会社の就業規則には、事務職と監督職も同じ事務職に含まれていること、被告会社では、男性社員のみ監督となることができ、女性社員である原告は、本人の意欲や能力に関わりなく監督になることができる状況にはなかったこと、原告と訴外Ｓの各職務の価値に格別の差はないものと認めるのが相当である」[39] と認定した。

　したがって、「本件賃金格差は、原告が女性であることを理由とする差別によるものと認めるのが相当である。そうすると、労基法4条（男女同一賃金の原則）に違反して違法であり、被告は原告に対し、民法709条に基づき、生じた損害を支払う義務がある。」[40] との判決が下された。

〔職務分析・職務評価に基づく同一価値労働の証明について〕

　原告勝訴の判決の決め手は、原告と監督職男性の職務の価値が同じであること、被告会社のいう「労働の質・量」が同じであることを、原告側が立証したことである。同一価値労働同一賃金原則に基づき賃金格差の是正を要求する裁判において、初めて、職務分析と職務評価を行い、職務の価値を得点で示してほぼ同じであることを立証したのが、本裁判の特徴である。

　そこで、立証の過程を紹介しておこう[41]。原告女性の仕事は、「ガス工事の入札積算業務と工事完了後の検収（精算）業務に専門化した事務職」で、13の職務を担当している。そのうち「日常的な主要業務は、『積算・見積書の作成』『竣工図面（出来型図面）の作成』『施工報告書等の作成』『供給管

39）厚生労働省雇用均等・児童家庭局編『女性労働の分析　2006年』226ページ。
40）同上。
41）森ます美 前掲書、第10章「＜積算・検収＞事務職と＜ガス工事＞監督職への同一価値労働同一賃金原則の適用」参照。

工事の検収業務』『ＭＡＣＳ入力・管理者決裁』である。」[42]

　一方、Ｓ監督職は、「建設部課長として４人の監督を統括するポスト」にあり、16の職務を担当しているが、「日常的な主要業務は、『大阪ガス工事担当者・他工事会社・官公署との打ち合わせ』『現場調査』『施工班等の手配』『工事士との作業内容の打ち合わせ』『現場での立会い』『苦情処理』である。」[43]

　この職務分析をもとに、カナダ・オンタリオ州のペイ・エクイティ法にのっとり職務評価を行った。４大ファクターを採用し、「知識・技能」に40％、「責任」に15％、「精神的・肉体的な負担と疲労度」に30％、「労働環境」に15％の配分とした。サブファクターは、それぞれ、５ファクター、２ファクター、３ファクター、２ファクターとなっている。またレベルは、おおよそ３段階に分かれている[44]。

　その結果、明らかになったことは、両者の職務は、ともに430点から930点の範囲に分布しており、最高点はほぼ同等であること、高得点の職務は〈積算・検収〉事務職の原告のほうに多く、低得点は〈ガス工事〉監督職のほうに多いことである。そして両者の主要業務５職務の平均点は、〈ガス工事〉監督職が780点に対し、〈積算・検収〉事務職が838点であり、100対107という結果となった。つまり「同一価値労働同一賃金原則からみて、〈積算・検収〉事務職は、〈ガス工事〉監督職に匹敵する価値の労働に従事していることが十分に証明でき」たのである[45]。

〔**職務の価値に応じた賃金の是正要求について**〕

　以上みてきたように、原告女性の職務の価値と、Ｓ監督職の職務の価値は、ほぼ同じであるが、支払われた賃金には、両者で大きな違いがある。手当（役職手当ほか）を除く基本給（月給および賞与）でみると、Ｓ監督職は529万9950円に対し、原告事務職は412万4600円であり、100対78となっ

───────────

42）森ます美　前掲書、257ページ。
43）同上、270ページ。
44）同上、274 〜 278ページ。
45）同上、279 〜 283ページ。

ている（117万5350円の格差）。また役職手当も含む年収でみると、S監督
職は620万7300円に対し、原告女性事務職は435万1140円であり、100対
70となっている（185万6160円の格差）。

　原告女性事務職は、S監督職と仕事の価値で同等であるから、原告の賃
金は、S監督職と同一の賃金が支払われてしかるべきであり、したがって、
620万7300円に是正される必要がある[46]。

　判決は、以上紹介したような日本で初めての、職務分析・職務評価をふま
えた同一価値労働同一賃金原則の適用により、原告と監督職男性の職務の価
値が同等であり、したがって賃金も同一であるべきとの見解を正当と判断し
て出されたものである。

　丸子警報器事件の裁判では、労働の価値を客観的に測るのは困難であるな
どの理由により、同一価値労働同一賃金の原則を公序とすることが否定され
たが、それから5年後のこの京ガス事件では、カナダ・オンタリオ州のペ
イ・エクイティ法にのっとり、同一価値労働同一賃金原則の適用により、原
告女性の主張が認められたのである。

〔その後の同一価値労働同一賃金原則の適用の進展について〕

　京ガス事件で同一価値労働の立証をした森ます美は、その後の兼松賃金等
請求事件（2003年東京地裁判決　労働者敗訴、2008年東京高裁判決　労働
者一部勝訴、2009年最高裁第3小法廷　上告棄却により確定）では、コー
ス別雇用管理制度下の男女社員の賃金格差について、同一価値労働同一賃金
原則を適用して賃金差別であることを立証した[47]。

　また、裁判とは別に、同一価値労働同一賃金原則の適用による賃金格差是
正の試み（試算）も、さまざまに展開されている。例えば、医療・福祉分野
の女性専門職と男性専門職との間の賃金格差是正の必要性や、スーパーマー

46）森ます美　前掲書、283 ～ 285ページ。
47）兼松事件については、「職務配置をめぐる裁判」の「コース制による賃金の男
　　女差別」として、後述する。

ケットのパートタイマーと正社員との間の賃金格差是正の必要性[48]、あるい
は公務員の非正規職員と正規職員との間の賃金格差是正の必要性[49] などが、
職務分析・職務評価をふまえた同一価値労働同一賃金原則の適用として、問
題提起されている。

　このように、日本でも2000年代に入り、欧米流の同一価値労働同一賃金
原則が適用され、男女間および正規・非正規間の賃金格差是正に大きな役割
を果たすようになってきたといえよう。

　生活保障を目的とする基本給の本人給の男女差別の撤廃から始まった賃金
の男女差別是正を求める闘いは、世帯主＝男性を前提としてきた家族手当の
男女差別の撤廃へと進み、1990年代に入ると、同一価値労働同一賃金の原
則を活用した賃金差別の是正へと発展した。この取り組みは2000年代に入
ると、欧米流の職務分析・職務評価をふまえた同一価値労働同一賃金原則の
実践へと展開していった。また一方で、間接差別を禁止する判決も登場する
など、賃金の男女差別是正の闘いは世界的な男女差別撤廃運動の理念や政策
の影響を受けながら、発展を遂げたといえよう。

　女性労働者の雇用差別撤廃の闘いは、賃金差別撤廃の闘いと時期を同じく
して、さらに昇進・昇格の男女差別の問題にも取り組み、男女の賃金格差が
生じるもととなる人事管理の中枢領域をも射程に入れるようになったのであ
る。

4．昇進・昇格をめぐる裁判

　職場が男社会であることを如実に示すのは、昇進・昇格の現実である。管
理監督者や取締役が男性に独占され、女性にはその機会も与えられないとい

---

48) 森ます美・浅倉むつ子編『同一価値労働同一賃金原則の実施システム』有斐閣、
　 2010年。第2章、第3章。
49) 遠藤公嗣編著『同一価値労働同一賃金をめざす職務評価　官製ワーキングプ
　 アの解消』旬報社、2013年。

うのが、かつての実態であり、現在でも変化はわずかである。均等法の制定の際、経営者のもっとも強い抵抗を受けたのも、配置・昇進と募集・採用であった。この最大の難関に挑んだのが、これから紹介する裁判であった。

① 公務員の昇進・昇格差別──鈴鹿市役所事件(津地裁　1980 年)[50]
──昇格差別による賃金差別の是正の訴え

　鈴鹿市役所事件は、鈴鹿市役所に勤める女性職員が、昇格における男女差別を訴えたものである。男女差別の少ないと思われている地方公務員の世界においても、昇進のからむ昇格には、大変厳しい男女差別がある。

　この女性職員は、鈴鹿市役所に臨時で採用され、のちに正職員に登用された。長年、社会教育分野の仕事に従事し、その活躍は、自他ともに認めるところであった。それでも、管理職相当職である 4 等級への昇格は、何度も見送られ、若いかつて指導した後輩男性に追いぬかれるなど悔しい思いをした。女性であるが故に、職業人としてのプライドを傷つけられたのである。加えて、昇格の男女差は、生涯賃金にも大きな格差(当時約 2400 万円、マンション 1 戸分と試算)[51] を生み、多大な経済的不利益を被った。

　職場の労働組合は当初支援してくれていたが、その後、手を引いたので、女性職員は最後の手段として裁判を起こすこととなった。

　鈴鹿市役所の人事管理は、職務等級制であり、職務の難易度および責任の度合いに応じて 7 段階の等級が設けられていた。問題は 5 等級から 4 等級への昇格人事である。4 等級というのは、「係長又はこれに相当する職務」など、初の管理職相当職となっていた。

　昇格要件は、等級別に定められた定員に空きがあり、職務内容も能力からみて担当可能であり、昇格する時期にふさわしい必要在級年数および経験年数を経ていることであった。原告女性はこれらの条件を満たしているにも関わらず、なかなか昇格が認められず、精神的苦痛と経済的損失を被ったので

---

50) 鈴鹿市役所事件については、中島・山田・中下 前掲書、山本和子『女はどうして──女性差別裁判を闘って』風媒社、1987 年、参照。
51) 山本 前掲書、100 ～ 103 ページ。

ある。

　裁判では、鈴鹿市役所の1971（昭和46）年の昇格人事の実態が検討された結果、男女間に著しいアンバランスがあることが判明した。男性職員は一律に昇格しているにも関わらず、女性職員は厳しい選抜昇格となっていたのである。

　その結果、判決は、鈴鹿市役所における原告の昇格人事は、地方公務員法第13条に定める平等取り扱いの原則に違反しているとし、原告を「少なくとも4等級10号俸に昇格されてしかるべき」[52]と認定した。このように、判決は、原告の昇格差別の訴えを認め、昇格是正を容認したのである。もっとも原告の求める号俸よりは、低かったのだが。

　しかし鈴鹿市役所は、この判決に納得せず、名古屋高等裁判所に控訴した。高裁の判決は、昇格させなかったのは市役所の裁量権の範囲内とし、逆転敗訴となった。そこで原告は最高裁に上告した。原告の定年が迫っていたので、和解の道を探した結果、定年間際に和解が成立し、最終的には3等級への昇格が認められた。

　裁判の進行は、鈴鹿市役所の女性職員の昇格人事にも影響を与え、女性の昇格者も増えていった。しかし原告に対しては、いっかんして昇格を認めなかった。長い闘いによって、職場の昇格人事の是正に多大な貢献をしたのち、自らも3等級への昇格を勝ちとったのである。

② 昇格の男女差別──社会保険診療報酬支払基金事件

（東京地裁　1990年）[53]

──女性職員に対する昇格差別是正の訴え

　鈴鹿市役所事件は、昇格差別による賃金差別の是正を求めた裁判で、昇格差別の是正そのものを正面に掲げたわけではなかった。しかしこの社会保険

52）労働基準判例検索・全情報より（https://www.zenkiren.com/Portals/0/html/jinji/hannrei/shoshi/00062.html）

53）社会保険診療報酬支払基金事件については、大脇・中野・林　前掲書、中島・山田・中下　前掲書、支払基金の昇格裁判を記録する会＝編『女性昇格時代──大輪の花咲かせた女たち』大月書店、1992年、参照。

診療報酬支払基金事件は、昇格差別の是正そのものを正面に掲げて闘った初めての裁判であり、かつ民間企業初の昇格差別裁判でもあった。そしてこの裁判を提訴するきっかけとなったのが、鈴鹿市役所事件の勝訴判決（津地裁）であった。

〔事件の概要〕

社会保険診療報酬支払基金の女性職員が、昇格差別による賃金差別の是正だけではなく、昇格そのものの男女差別是正を求めたのには、事情があった。

この会社では、かつて男性職員の昇格に対する組合間差別があった。2つある労働組合のうち、一方に所属している男性職員は優遇され、もう一方に所属している男性職員や、労働組合に所属していない男性職員は不利益を被っていた。そこで不利益扱いを受けた労働組合が、労働委員会[54]に救済を求めていたが、結局、中央労働委員会により、勤続年数だけを唯一の昇格基準とする、という裁定をいいわたされたのである。

その結果、男性職員については、労働組合の所属いかんを問わず、平等に昇格することができるようになった。しかしこの裁定の実施において、女性職員は全員適用対象外として排除され、昇格で不利益を受け続けたのである。そこで、昇格差別を闘った労働組合の支援を受け、同組合所属の女性職員18名が全国から集まり、男性職員との間の昇格差別是正を訴えたのが、この裁判である。

〔判決の要旨〕

ⅰ 労基法4条と昇格差別の関係について

原告女性たちは、昇格差別は労基法4条に違反すると訴えた。それに対し、会社側は、労基法4条は賃金に関する男女差別を禁止しているのであって、昇格という別の労働条件については規定していないから、労基法4条違反と

54）労働委員会というのは、労働者が、使用者による労働組合法違反などにより不利益を被った場合に、紛争の解決を行う行政機関である。各都道府県に都道府県労働委員会があり、その上部組織に中央労働委員会が置かれている。

はいえないと反論した。

　判決は、労基法 4 条は賃金に関する男女差別の禁止を規定した条文であるが、賃金以外の労働条件の差別も認めるものではない。そして合理的理由のない男女差別は、民法 90 条にいう公序良俗に違反する不法行為であると、会社側の訴えを退けた。

　こうして、あらゆる労働条件差別は、民法 90 条の公序に反して無効であることを明らかにしたのである。

ii　不法行為と損害賠償について

　男性職員全員に適用される昇格基準が女性職員には適用されなかった結果、女性職員が昇格差別を受けたのは、合理的理由のない差別である。その不法行為により、女性職員は男性職員との間に賃金差別を受けたのであるから、それは損害賠償により是正されなければならない。判決は、会社に対し、原告女性職員 18 名に、8645 万円その他の支払いを命じた。

　こうして、昇格差別により男性職員とは異なる等級にいたとしても、男性職員の賃金との差額の支払いを命じたのである。

iii　昇格確認請求について

　日本の裁判史上初めての挑戦であった、女性職員に男性職員と同じ等級に就けよという昇格確認請求については、判決は被告の裁量権を認め、昇格の決定は会社にあるとして、司法の場では承認しなかった。

　その結果、男女差別の救済は、過去の経済的損失に限られ、将来にわたる不利益の解消にはおよばなかったのである。

　こうして、東京地裁判決は、原告女性に対し、昇格差別を認め、それによる賃金差別を損害賠償として支払うことを命じたものの、原告が初めて要求した昇格確認請求については、会社の裁量権を理由に認めなかったのである。

　ただしこの裁判は、東京高裁に控訴となり、再び争われることとなった。そして、和解が成立して、結果は原告女性側の大勝利となった。それは、昇格確認請求が認められただけでなく、昇格是正の対象が、原告（18 名）だ

けでなく、同様に昇格差別されてきた他の女性職員全員（148 名）にも拡大
されたのである。その結果、大量の女性管理職（課長・係長）が誕生するこ
ととなった。ちなみに、女性課長は 0 人から 22 人へ、女性係長は 12 人から
291 人という具合である。加えて和解金も 1 億 5000 万円以上におよび、地
裁判決の 2 倍近くとなった。まさに画期的な大勝利を獲得したのである。

③ 昇進・昇格の男女差別——芝信用金庫事件（東京地裁　1996 年）[55]
——女性職員に対する昇進・昇格の差別是正の訴え

　芝信用金庫に勤務する女性職員は、会社の職能資格制度により、男性職員
との間に昇進・昇格で大きな開きができ、男性と異なる職務を担当すること
を理由に賃金にも大きな格差があった。
　職能資格制度は、それまで支配的であった年功序列制度に比し、より能力
主義的な人事管理であり、1960 年代後半から日本の大企業を中心に導入さ
れていった。職業能力の向上が認められて昇格しなければ、昇給も昇進もで
きない仕組みである。生活や出世のため、労働者を能力向上のための競争に
まきこむ大きな要因となった。昇格・昇進は能力の成果とされ、男女の担当
する職務や賃金の違いは、男女労働者の能力の差によると説明された。しか
し実際には会社の説明と異なり、年功的昇進・昇格人事がまかり通り、女性
労働者がそこから排除されるということも多かったのである。

〔**事件の概要**〕
　芝信用金庫は、1968（昭和 43）年 4 月に、従来の年功序列制度から職能
資格制度に変更した。資格は、参与、副参与、参事、副参事、主事、書記 1
級、書記 2 級、書記 3 級の 8 等級に分かれていた。この資格に対応して職位
が定められていて、副参事資格に対しては店舗長代理、主事資格に対しては
係長であった。1990（平成 2）年には新人事制度に変更し、等級は 7 等級と
なり、副参事資格は「課長職」と名称変更し、それに対する職位は「課長」

55）芝信用金庫事件については、今野久子・浅倉むつ子『女性労働判例ガイド』
　　有斐閣、1997 年、参照。

などであり、主事資格は「係長職」で、それに対する職位が「係長」などとなった。

　男性職員は、年功で係長に昇進し、次いで副参事（新制度では「課長職」）に昇格し、さらに店舗長代理（新人事制度では「課長」）に昇進しているのに、女性は昇格・昇進しないという差別的取り扱いを受けてきた。

　そこで、女性職員は、同期同給与年齢の男性職員のうち、もっとも遅く昇進・昇格した者と同時期に昇進・昇格したものとして、課長職の資格と課長の職位にあることの確認と、昇格・昇進が認められれば支払われた賃金と現実に支給された賃金との差額の支払い、さらには慰謝料と弁護士費用などの支払いを求めて提訴した。

〔判決の要旨〕

ⅰ　男性職員の昇格・昇進の実態

　芝信用金庫は、女性職員が昇進・昇格できていないのは、昇格試験を受験しないか、あるいは受験しても不合格になったことによるものであって、女性職員を差別したことによるものではない、と主張した。

　しかし、男性職員の昇格・昇進の実態をみてみると、職能資格制度という能力的人事管理とは異なる運用結果がみえてくる。まず、主事資格への昇格については、給与年齢33歳までに自動的に昇格しており、それに対応する職位の「係長」へは、入職後11～13年で昇進している。そして係長昇進後4～5年で課長職に昇格している。なかにはこの昇格試験に不合格となったにも関わらず、例外措置が取られて昇格した者もいた。このような人事の実態は、「年功的要素を加味した人事政策」の結果と考えられる。

　つまり、芝信用金庫は、職能的資格制度に移行し、昇格試験制度を行ってはいるが、人事の実態は「課長職」までは年功的人事が行われてきたといわざるを得ないのである。なお「課長職」より上の「参事」以上の資格に関しては、男性職員についても抜擢人事が行われている。

　このように、芝信用金庫は、男性職員に対しては、「課長職」まで年功的人事を行ってきたが、女性職員に対してはそのような労働慣行を適用してお

らず、その結果、女性職員は賃金やその他の処遇で不利益を受けたのであり、これは労働条件に関する女性差別にあたると認定された。

ⅱ 差別是正措置について

判決は、芝信用金庫が男性職員に対し、「課長職」までは年功的人事を行ってきたとして、原告女性職員 11 名（勤続 28 ～ 40 年）に対し、課長職への昇格を認めた。それに伴い、昇格是正により支払われるべき賃金とこれまで支払われてきた賃金との差額の支払いを認めた。また、昇格是正の結果、今後の賃金についても、不利益が発生しないように是正が行われた。社会保険診療報酬支払基金事件とは異なり、昇格是正を認めた結果、過去の経済的損失の補償だけでなく、将来にわたる格差を解消させることができたのである。

原告女性職員は、課長への昇進も年功的人事であったと主張し、課長の職位への昇進の確認も求めていたが、判決では、昇進と昇格を峻別し、昇進は組織運営上の事柄で被告の専決事項として認めなかった。とはいえ、社会保険診療報酬支払基金事件では認めなかった「昇格」是正を、司法の場で初めて認める画期的な判決であった。

社会保険診療報酬支払基金事件では、東京高裁で和解が成立し、該当する女性職員全員の昇格是正がなされた。判決には盛り込めなかったものの、事実上の最初の昇格是正を勝ちとることができた。芝信用金庫事件判決は、この実績をふまえ、判決においても、昇格是正を認める一歩前進の判断を示したといえよう。

なお、のちに芝信用金庫事件を担当し、同様に昇格是正判決を出した東京高裁は、「差別を根幹から解消しなければ、男女間の賃金格差は将来も継続することになり、退職金や年金の額にまで影響が及ぶ」[56]と指摘し、昇格に踏み込んで抜本的な解決を図る道をとったのである。

この裁判は、東京高裁への控訴、最高裁への上告と長く続いたが、それに伴い、昇格是正の認められる原告の対象が拡大し、最高裁では、最年少の原

56）「働く女性に勇気を与えた」『朝日新聞』社説、2000 年 12 月 27 日付。

告も昇格是正を勝ちとることができた。

5. 職務配置をめぐる裁判

かつて結婚退職制や若年定年制・男女別定年制の裁判が行われたとき、会社側は、女性の担当する仕事が男性の仕事とは違い、単純・補佐的であり、長年従事しても能力は向上しない、早く辞めないと仕事と賃金の乖離が生じる、と主張した。女性の担当する仕事は、男性の担当する仕事とは違う、というより、あくまでも違えるのが、会社側の人事政策の基本であった。そしてそれが昇進・昇格の格差、ひいては賃金の格差をもたらした。

1985（昭和60）年に均等法が成立し、86年から施行されるに伴い、当然このような仕事差別は、解消されるものと期待された。そのような期待の高まる時代状況のもとで争われたのが、日本鉄鋼連盟事件であった。

① 男女別コース制——日本鉄鋼連盟事件（東京地裁　1986年）[57]

〔事件の概要〕

日本鉄鋼連盟（以下、鉄連と略す）に勤務する女性職員は、男性職員と同じ仕事に従事しているにも関わらず、同学歴の男性と比べ賃金も低く、昇格も遅かった。ちなみに、1976（昭和51）年当時の大卒初任給は、女性が8万円で、男性の9万3000円の86.02％であった。そこで、同学歴の男性職員と同じ賃金の支給と同一時期の昇格の実施を求めた。それに対し、鉄連側は、男女で担当する仕事はまったく異なっているから、処遇も男女で異なるのが当然として要求を拒否したため、提訴したものである。

〔判決要旨〕

57）日本鉄鋼連盟事件については、大脇・中野・林　前掲書、中島・山田・中下　前掲書、参照。

ⅰ 男女職員の担当する仕事について

　女性職員は、男女職員の担当する仕事は同じであると主張したが、鉄連側は、男性職員は基幹的業務を担当しているのに対し、女性職員はその他の補助的業務を担当していると主張し、見解が完全に分かれていた。

　それに対し判決では、男女の担当する仕事について、鉄連のいうように男性は基幹的業務、女性は定型的・補助的業務と明確に区別されているとはいえないとの判断を示した。しかし女性職員がいうように同じ仕事を担当しているともいえず、男女で担当する仕事の困難度に相対的な差があるとの判断を示した。

　つまり男性職員は、主として重要な仕事を担当しており、将来の幹部職員への昇進が期待されている。それに対し女性職員は、主として定型的補佐的な仕事に従事している。したがって、鉄連の男女職員が担当する仕事は、「男女別コース制」とでもいうべきものである、と結論づけた。

　そこで問題は、このような「男女別コース制」は、合理的な制度なのか、それとも男女差別にあたるのか、ということになる。

　鉄連が「男女別コース制」が合理的であると主張する根拠は、仕事を基幹的業務と補助的業務に分けたほうが効率的であること、折衝相手も男性であるから、こちらも男性にしたほうが好都合であること、女性は短勤続であり、重要な仕事は任せられないこと、女性には母性保護があり、男性に比べ効率的でないこと、である。女性は短勤続で母性保護の適用もあり、男性と同様に働けないから、重要な仕事は男性に任せるのが合理的という見解である。

　それに対し、判決は、憲法14条は、男女両性の差異を前提に、本質的平等を図るべしというものであり、女性には妊娠・出産という母性があるから母性機能を保護してこそ男女平等になるのであって、母性保護などを理由とする「『男女別コース制』を採用していることは、合理的な理由を欠くのであって、法の下の平等を定め、性別による差別を禁止した憲法14条の趣旨に合致しないものというべきである」[58]との判断を示した。

58）中島・山田・中下　前掲書、81 〜 82 ページ。

このように、判決は、鉄連の男女職員の職務は、困難度に相対的な差のある「男女別コース制」であり、それは憲法14条にいう法の下平等の趣旨に反する、という結論であった。

ii 賃金の差額請求について

「男女別コース制」が憲法14条違反であることは認められたが、問題は、女性職員が男性職員と同じ賃金を要求し、男性職員の賃金との差額を受け取ることができるためには、それが、憲法違反であるだけでなく、法律にも違反していることが証明されなければならないということである。例えば「男女別コース制」が、民法90条のいう公序良俗に違反していれば、違法で無効ということになる。

そこで判決では、男女別コース制が法律に違反しているかどうかを検証するために、「男女別立て採用」が法律違反かどうかを検討することとした。なぜなら、男女の仕事や賃金に違いをもたらす原因は、そもそも採用が男女別立てであるためである。こうして「男女別コース制」の是非の検証は、男女別立て採用の是非の検証に移行したのである。

判決はまず、労基法3条との関係を問い、男女別立て採用は労基法3条の適用外とされた。労基法3条は労働条件の均等待遇を定めた条文である。それは採用された後の労働者の労働条件について定めたものであって、「募集・採用」は採用される前であるから、労基法3条の適用外であって、労基法3条違反とはいえない、というものである。

次に、均等法との関係でも、男女別立て採用は法律違反とはいえないとの判断であった。というのは、均等法の「募集・採用」に関する規定は努力義務規定にとどまっており、禁止規定ではないので、たとえ男女差別であったとしても、法律違反とはいえないというものであった。

最後に当時の雇用慣行についても、使用者の選択の自由が認められていたことも指摘された。

以上の検討から、男女別立て採用は、当時の法律や雇用慣行に反しているとはいえず、民法90条により違法・無効とはいえない、という結論に達した。また、もし仮に法律違反だとしても、募集・採用の機会の不平等に対す

る損害賠償請求の余地があるのみである、との判断であった。

結局、判決は、「男女別コース制」＝男女別立て採用によって、女性職員は男性職員と異なる採用基準・採用手続きのもとで、異なる労働契約（職務・賃金・昇格など異なる条件・処遇）を締結したのであるから、男性職員の労働条件が当然女性職員にも適用されることにはならない、との結論であった。女性職員が請求した同期入社・同一学歴の男性職員との間の基本給や昇格の格差是正は、却下されることとなった。

iii その他の格差是正要求について

原告女性たちは、基本給や昇格の男女格差是正だけではなく、基本給の引き上げ率の男女格差や一時金の支給係数の男女格差についても是正を要求していた。この点について判決では、基本給の引き上げや一時金の支給は、物価の上昇に対する補償や、労働に対する後払いの報酬という性格のものであり、職務内容や職種の差には無関係である、よってこれらの条件に男女の格差を設けるのは民法 90 条により無効とされ、労基法 13 条および同 4 条により、男性職員と同じにすることがいいわたされた。

以上、みてきたように、男女の仕事（職務配置）をめぐる初めての裁判は、均等法が施行された年に判決がいいわたされたが、「男女別コース制」は、違憲（憲法 14 条違反）ではあるが、違法とはいえない、採用当時の法や雇用慣行をもってすれば民法 90 条にいう公序良俗違反とはいえないとの結論にとどまった。

「男女別コース制」は「違憲ではあるが違法とはいえない」との論法は、均等法の限界、無力を白日のもとにさらすこととなった。法律は本来、憲法の理念に沿って整備されるべきものである。法律が憲法の要請を満たしていないという意味で、法律の不備・限界を明白にしたのである。

コース制や採用区分を理由とする男女差別に対しては、その後も、日本を代表する大手企業を相手に女性たちの闘いが繰り広げられた。塩野義製薬、住友電工、野村証券、兼松、住友金属など、名だたる大企業を相手に、コース制や採用区分とからむ職務配置や賃金の差別の是正を求めて、女性たちは

闘い続けた。

　それらの裁判に対し、鉄連事件判決は、先例として重くのしかかり、大き
な壁となった。多くの判決で、コース制は「違憲ではあるが違法とまではい
えない」との論法が繰り返され、原告女性を苦しめた。

　しかし同時に、均等法が 1997（平成 9）年に改正され（99 年施行）、「職
務配置や昇進」の男女差別が禁止規定となったのちは、新しい判例に門戸を
開き、ついに女性たちの要求が認められるようになったのである。

②　コース制による昇格の男女差別──住友電工事件

（大阪高裁で和解　2003 年）[59]

　コース制による昇格の男女差別裁判で変化がみられるようになったのは、
2002（平成 14）年の野村証券事件である。同期同学歴の男性職員との昇格
差別と賃金差別を争った同事件の 2002 年の東京地裁判決は、均等法の改正
をふまえ、1999 年 4 月 1 日以降については、「配置及び昇進について女性で
あることを理由として男性と差別的取扱いをするものであり、均等法 6 条に
違反するとともに、公序に反して違法」[60]との判断を下した。この判決を境
に、女性たちの要求を容認する判決や解決策が生まれてきたのである。

　ここでは、裁判長によって画期的和解を導き出した住友電工事件について、
紹介しておこう。

　住友電工は、「専門職」と「事務職」のコース別採用を行ってきた。高卒
者は「事務職」で採用されるが、男性職員は 3 年ほどの実務経験を経て全員
「専門職」にコース転換し、昇進・昇格の機会に恵まれた。しかし同じ「事
務職」で採用された女性職員は、コース転換の機会が与えられず、いつまで
も「事務職」で、万年ヒラ社員に止め置かれた。そこで、女性職員 2 名は、
同学歴・同期入社の男性職員との昇格・昇進差別による賃金差別の是正を求

59）　住友電工事件については、宮地光子監修　ワーキング・ウィメンズ・ネット
　　ワーク編『男女賃金差別裁判「公序良俗」に負けなかった女たち　住友電工・
　　住友化学の性差別訴訟』明石書店、2005 年、参照。
60）　厚生労働省雇用均等・児童家庭局編『女性労働の分析 2005 年』、239 ページ。

めて、提訴した。

　2000年7月に出された大阪地裁判決は、鉄連事件判決と同じく、「憲法14条に違反するが、違法とはいえない」との判断を示したのみならず、「均等法施行時（一九八六年）以後において、企業に是正義務を認めることも、法的安定性を害し、均等法に遡及効を認めることになるとして否定」[61] した。それに対し原告女性は「均等法前に採用された私たちは、一生、平等に処遇されることはないのでしょうか」[62] と怒りの声をあげた。まさに原告女性に対する救済の道を閉ざすきわめて厳しい暴論的内容であった。

　原告女性たちは、大阪高裁に控訴して闘いを続けた。ところが、裁判を担当した井垣敏生裁判長の差別是正の熱意によって、2003年12月に勝訴的和解を勝ちとることができた。和解内容は、昇格を認め、1人は主席（課長級）、もう1人は主査（係長）に就任させることと、1人につき和解金500万円を支払うことであった。裁判長がこのような和解で決着させたのは、男女差別の撤廃は世界の共通認識であること、また職種にまぎれた性差別は間接差別で、廃止すべきである、との考えに基づくものであった[63]。

　裁判では地位確認を求めていなかったのに、昇格にまでふみこんだ和解であり、判決でも得られない大きな成果を勝ちとったと高く評価された。地裁判決から一転してすばらしい解決を獲得することができた。

③ コース制による賃金の男女差別——兼松事件
（東京高裁　2008年）[64]

　大手商社兼松でも、コース制により、女性職員は「事務職」、男性職員は「一般職」に分けられ、女性職員の賃金は男性職員に比し相当低く抑えられていた。ちなみに、女性職員の賃金は、男性職員の27歳の賃金を超えるこ

61）宮地光子「住友電工性差別訴訟の経過と論点」宮地光子監修　ワーキング・ウィメンズ・ネットワーク編　前掲書、37ページ。

62）同上。

63）「住友電工訴訟　原告女性昇格で和解」『朝日新聞』2004年1月6日付。

64）兼松事件については、森ます美　前掲書　第9章「商社・営業職における職務の分析とペイ・エクイティ」を参照。

とはない、といわれている。しかし女性職員は、日ごろ担当する仕事内容に鑑みて、女性職員の賃金は低すぎると考え、賃金の是正を求めて提訴した。

　ペイ・エクイティ研究会が行った職務分析・職務評価によれば、営業職の男性一般職と女性事務職の職務の価値は、115.5点と102.0点で、100対88であった。しかし賃金は、46.6万円と32.7万円で、100対70であった[65]。事務職の賃金は、職務の価値に比し大幅に引き下げられていた。一般職は基幹的職務、事務職は定型的・補助的職務というコース区分に関する会社の説明が、仕事の実態からかけ離れて、女性の賃金を低め、賃金の男女差別を隠蔽していたのである。

　判決は、会社の人事制度の制定や改正の時期に応じて、異なった判断を下している。まず職掌別人事制度導入前（1984年12月まで）の時期については、鉄連事件判決と同様で、男女の差別的取り扱いを禁止する法律もなく、男女別賃金格差も公序良俗に反するとまではいえないと、差別是正を拒否した。

　しかし、職掌別人事制度を新設した時期（1985年1月）以降は、性差別であり、法律違反であると認定した。そのうち職掌別人事制度を新設した時期（1985年1月）から新人事制度導入直前（1997年3月）までの間については、一部訴訟人（入社後15年から34年）と「職務内容や困難度に截然と区別できない当時の一般1級中の30歳（入社後8年）程度の男性一般職との間にすら賃金について相当な格差があったことに合理的理由が認められず」[66]性差別によるものであり、労基法4条等に違反する違法行為であり、会社に過失があったと述べた。

　また、新人事制度導入時（1997年4月）以降については、一部訴訟人（入社後17年から32年）の賃金と、「同年齢の男性新一般1級の賃金との間に大きな格差があったことに合理的理由は認められず」[67]性差別によるものであり、労基法4条等に違反する違法行為であり、会社に過失があると述べた。

　このように、職掌別人事制度の新設後は、職務内容や困難度が同じであれ

65）森ます美　前掲書、245ページ。
66）厚生労働省雇用均等・児童家庭局編『女性労働の分析　2009年』238ページ。
67）同上、239ページ。

ば、また新人事制度導入後は年齢が同じであれば、賃金格差は性差別にあたるとの判断が示された。兼松の人事制度は、均等法の成立や改正に合わせて行われたと推察される。とくに均等法の改正は、配置・昇進に関する性差別を強行規定で禁止したため、それまでの努力義務規定とは異なり効力が強化されたのである。2002年の野村証券事件判決の流れをくむ判決であるといえよう。

　このように、昇進・昇格、ひいては賃金の男女差別をもたらすコース制（いわゆる男女別コース制）をめぐる裁判は、当初は「憲法14条に違反するが、違法とはいえない」との論法で、原告女性の要求を拒否してきたが、世界の男女差別撤廃運動の影響や均等法の改正によって、判決内容が大きく変化した。均等法の改正により、配置および昇進の男女差別の禁止が、努力義務規定から禁止規定に変更されたことにより、コース制をめぐる男女差別は「違法」と判断されるようになった。また、日本が女性差別撤廃委員会から間接差別禁止規定の勧告を受けるなど、国際的な男女差別撤廃運動の影響などにより、住友電工事件の和解では、間接差別の禁止も認められるようになった（均等法で間接差別の禁止が部分的にでも認められたのは、2006年の2度目の改正においてである）。最初の判決から約25年の歳月を経て、職務配置・コース制をめぐる判決も、大きく前進したといえよう。

6. セクシュアル・ハラスメントをめぐる裁判

　セクシュアル・ハラスメント（以下、セクハラと略す）とは、本人の意に沿わない性的言動のことである。それには、対価型と環境型と呼ばれる2つのタイプがある。対価型というのは、職場の上司や先輩、取引先など職業上の立場を利用して、性的要求を満たそうとするものであり、要求が実現しなければ、相手に対し、賃金の引き下げ・解雇・評価の引き下げ等の不利益を与えるものである。環境型（職場環境型ともいう）は、職場で性的発言をしたり、ヌードポスターを貼ったりなどして職場環境を害し、労働意欲をそぐ

ような言動をいう。

　均等法にセクハラに対する事業主の配慮義務が課されるようになったのは、1997（平成9）年の改正時である。女性労働者の均等室への相談でもっとも多いのが、このセクハラである。

　セクハラをめぐる事件は、それ以前から職場で多発しており、裁判にかけられることも多かった。そのような裁判のうち、比較的早期に争われたもので、代表的なものを、紹介しておきたい。

① 対価型（地位利用型）セクハラ
——沼津セクシュアル・ハラスメント事件

（静岡地裁沼津支部　1990年）[68]

　沼津セクシュアル・ハラスメント事件は対価型セクハラの典型的事例である。

　1987（昭和62）年11月、原告（ホテルの正社員、23歳独身女性）は、勤務の終了後、直属の上司に食事に誘われた。食事が終わり帰る途中で、上司がモーテルに入ろうと勧誘したので拒否すると、上司は車内で原告の意思を無視してセクハラ行為におよんだ。翌日、原告は謝罪を求めたが、不真面目にしか対応しなかった。その後、職場で噂が広まり、翌年1月原告は退職した。退職して10カ月後、女性弁護士を通じて、被告に謝罪と慰謝料の支払いを求めた。しかし被告は、まったく交渉に応じなかったため、提訴した。

　被告は、裁判所の呼び出しに応じなかったため、原告のいいぶんを認めたものとみなされ、原告勝訴の「欠席判決」が下された。原告の主張する損害額を修正して、請求を認めた。判決は、「被告の加害行為は、被告が職場の上司であるという地位を利用して本件の機会を作ったこと、被告の一連の行動は、女性を単なる快楽、遊びの対象としか考えず、人格を持った人間として見ていないことのあらわれである。このことが、日時が経過しても原告の

68）沼津セクシュアル・ハラスメント事件については、大脇・中野・林　前掲書、奥山明良『職場のセクシュアル・ハラスメント』ゆうひかく選書、1999年、参照。

精神的苦痛、憤りが軽減されない原因となっている」[69] と述べている。

　この裁判は、被害者の女性がセクハラを明確に指摘して提訴した、もっとも初期のケースである。判決も、「原告の受けた精神的打撃の質を理解し、被告の行為がいかに原告を傷つけたかを具体的、詳細に認定した点で、画期的」[70] と高く評価されている。ちなみに、原告の受けた精神的打撃とは、生理的不快感、被告の要求に返答せず、承諾と受け取られた悔しさ、人格を無視された屈辱感である。

　この事件は、マスコミで大きく報道され、同様の被害女性を励まし、裁判を起こす決意をさせたという点で、「女性たちの歴史を拓いた判決」[71] と評されている。

② 環境型セクハラ
——福岡セクシュアル・ハラスメント事件
（福岡地裁　1992 年）[72]

　福岡セクシュアル・ハラスメント事件は、環境型セクハラの典型的な事例である。

　原告（33 歳　独身女性）は、1985（昭和 60）年に被告会社（学生アルバイト情報誌の発行を中心とする印刷会社）に入社し、それまでの編集の経験を活かして、取材や執筆などの重要な仕事を任されるようになった。編集長Aは、時間にルーズで、会社役員から業績不振の責任を問われ、会社内で疎外感をもつようになった。そのようなとき、Aは原告のあらぬ性的噂話や中傷を行った。原告はAに対し抗議と謝罪を要求したが、Aは応じなかった。会社にも相談したが、むしろ原告に我慢を説き、ついには退職勧告をする始末であった。結局、原告は依願退職をしたが、納得がいかず、女性法律事務

69）大脇・中野・林　前掲書、128 ページ。
70）同上、130 ページ。
71）同上。
72）福岡セクシュアル・ハラスメント事件については、大脇・中野・林　前掲書、角田由紀子『性差別と暴力』ゆうひかく選書、2001 年、参照。

所に相談し、提訴した。

　判決は、Aは「原告の個人的な性生活に言及し、働く女性としての原告の評価を低下させ」、「働きやすい職場環境で働く利益」[73]を害した、と述べた。また被告会社に対しては、Aの使用者として適切な指導を行わず、また労働者が人格的尊厳を侵されずに働けるよう職場環境を調整する義務を怠ったとして、使用者責任を追及した。その結果、Aと被告会社には、不法行為責任があり、連帯して、慰謝料150万円、弁護士費用15万円の支払いをいいわたした。

　この判決は、「『環境型セクシュアル・ハラスメント』のケースで、加害者の上司と会社の責任の双方を認めた初の判決」[74]として高く評価されている。また、この事件を、名誉毀損としてではなく、「女性の人権を核としての性差別の問題」として全面的に展開したことが、新たな判例法の創造をもたらしたと評されている[75]。

（参考）♯ Me Too について

　セクシュアル・ハラスメントの告発は、♯ Me Too として、いまや世界的運動に拡大している。始まりは、2017（平成29）年10月に『ニューヨーク・タイムズ』が、大物プロデューサーのハーヴェイ・ワインスタインをセクハラで告発したことである。翌年1月の第75回ゴールデン・グローブ賞の授賞式では、多数の女優が、彼が映画製作で大きな権限をもつことを利用してセクハラを行ったことを告発し、彼はハリウッドから追放された。アメリカではこれに続き、政界、司法界、マス・メディア界等多くの分野で、セクハラの告発が続いている。

　アメリカから始まったこの運動は、お隣の韓国でも広がった。また世界屈指の男女平等先進国スウェーデンでは、伝統あるノーベル・アカデミーの会員の夫のセクハラなどが明るみに出て、2018年のノーベル文学賞の授賞式

73）大脇・中野・林　前掲書、136 ページ。
74）同上、137 ページ。
75）同上、138 ページ。

第 1 章　女性労働者の裁判の歩み　　77

が中止となるなど大きな影響を与えている。

　日本でも、ジャーナリストの伊藤詩織が、著書で加害者を告発した。当初、支援の輪は広がらないようにみえた。ところが、2018 年 4 月に、財務省の事務方トップである福田淳一前財務事務次官が、取材者のテレビ局女性記者にセクハラをしていた問題が明るみに出て、その後ただちに、性暴力の被害者と報道関係者らで「性暴力と報道対話の会」が結成された。その後 6 月11 日に、7 野党は共同で、「性暴力被害者支援法案」を衆院に提出した。

　♯ Me Too の世界的広がりは、セクハラが世界共通の問題として、現に存在していること、女性が男性と対等な権限・地位を確保して、上下関係にある男女関係を改革することが求められていることを示している。

　国連の国際労働機関（ILO）も、職場での暴力やハラスメントをなくすための新たな国際基準づくりに着手した。今年（2018 年）の総会では、加盟国の見解をまとめた「たたき台」をもとに議論を行い、最大の争点であった基準の枠組みを、拘束力を伴う条約に勧告で補完する「2 本柱」とすることに決定した。日本政府は、条約ではなく勧告が望ましいとの立場を表明した。来年の総会で、ハラスメント対策として初の国際基準となる条約の制定がめざされることになる。

　ILO が調査した 80 カ国のうち、仕事に関するセクハラの規制がある国は、8 割に当たる 65 カ国である。日本は「規制がない国」に分類された。「日本では法律で事業主に社内での相談対応や処分といった措置を取るよう義務付けるが、個人にセクハラ行為を禁じたり、何がセクハラかを定めたりはしていない。」[76] それが、被害者保護や救済の壁になっており、専門家や関係者からは定義づけや罰則規定が求められている。

　しかし、政府が 6 月 12 日にまとめたセクハラ問題の緊急対策は、セクハラの禁止規定など法整備にはふれず、中央省庁幹部への研修強化などの限定的内容にとどまった。世界共通の議題であるセクハラ撲滅に向けた日本政府の消極的対応が際立っている [77]。

76）『愛媛新聞』2018 年 5 月 19 日付。
77）『愛媛新聞』2018 年 5 月 19 日付、同 6 月 9 日付参照。

（参考）マタニティ・ハラスメントについて

　セクハラ、パワハラとともに、職場の３大ハラスメントとされているのが、マタニティ・ハラスメント（以下、マタハラと略す）である。マタハラとは、妊娠・出産、育児を理由とする女性労働者への嫌がらせや不利益取り扱いをいい、1990年代後半からの長引く不況下で多発した。妊娠・出産を嫌った解雇であるにも関わらず、不況による業績不振などを表向きの理由とした解雇などが行われた。

　均等法は、このような事態を反映して、2006（平成18）年に大幅改正された。妊娠・出産、育児を理由とする不利益行為を禁止する規定を充実させ、マタハラを防止するはずであった。しかしマタハラは、改善されておらず、またその実態も明らかになっていなかった。

　そこで、厚生労働省は、2015年秋に初めての実態調査を行った。その結果、女性労働者にマタハラが蔓延していることが明らかになった。雇用形態別で被害に差があり、派遣労働者がもっとも多く約半分（48％）、次いで正社員で約２割（21％）が被害を受けていた。契約社員（13％）やパートタイマー（５％）は少なかった。

　被害内容では、嫌がらせ発言がもっとも多い（47％）が、契約打ち切りなどの解雇（20％）や、「退職強要や非正規への転換強要」（15％）などの深刻なものも多い。マタハラをした人では、「直属の男性上司」（19％）、「直属の女性上司」（11％）、「女性の同僚、部下」（９％）、「男性の同僚、部下」（５％）の順である。直属の上司が多いとともに、同性である女性からも多いことがわかる（以上　『愛媛新聞』2015年11月12日付）。

　このような報道があったすぐあとに、広島市の病院に勤務していた女性理学療法士の「妊娠降格」事件の最高裁からの差し戻し控訴審が広島高裁であった（2015年11月17日）。この女性は第２子妊娠に伴い軽易業務への転換を申し出たところ、管理職の副主任を外され、復職後も管理職に戻ることができなかった。また降格による職場での孤立や軋轢のため、退職せざるを得なくなった。

広島地裁や広島高裁では、降格は適法とされたが、2014年10月に最高裁が、「妊娠による降格は原則禁止で、自由意思で同意しているか、業務上の理由など特殊事情がなければ違法で無効」との初判断を示した。そして広島高裁に差し戻し、控訴審のやり直しを命じていた。結果は、精神的苦痛による慰謝料も含め、ほぼ請求通り約175万円の賠償を病院側に命じる逆転勝訴判決となった（『愛媛新聞』 2015年11月18日付）。

　以上、日本の女性労働者の主要な裁判の歴史をみてきた。1960年代から始まる「雇用の出口」に関する裁判は、結婚退職制、出産退職制、女子若年定年制、男女別定年制、既婚女性整理解雇などさまざまな裁判でおおむね勝訴を勝ちとり、1981（昭和56）年の男女別定年制を争った日産自動車事件の最高裁判決で終結した。臨時労働者の契約更新拒絶＝解雇問題も、今日まで有効で、かつ法令化された重要な判決を得て、労働権の保障を明確化した。
　続いて、1970年代半ばからは賃金に関する男女差別の裁判が闘われた。扶養家族をもち世帯主であるのは男性という「社会通念」を背景とした賃金の男女差別を、事実と法理念に基づき、是正させた。1990年代からは欧米で展開された同一価値労働同一賃金原則も活用されるようになり、世界の男女差別撤廃運動との連携が、より強化されていった。
　男女の賃金差別をめぐる闘いは、1980年代からは昇進・昇格差別や職務配置差別（男女別コース制）とからみながら展開された。賃金の男女差別は、賃金体系固有の要因だけではなく、職務配置や昇進・昇格の男女差別と結びつき、その結果でもある。したがって、ここにメスを入れることの必要性と重要性が認識されるようになってきた。また、そのような闘いを起こす力が養成されてきたのであろう。
　こうして雇用の男女差別は、構造的に明るみにされ、是正が行われるようになった。社会保険診療報酬支払基金事件、芝信用金庫事件、住友電工事件、兼松事件など1990年代から2000年代にかけて、まさに画期的勝利が連続してもたらされたのである。
　セクハラ裁判も、同時期から展開され、女性たちが堂々と、女性の権利を人権として主張するようになってきた。

このような数々の勝訴判決を得て、日本の雇用の男女差別は、かつてとは比べものにならないほど是正され、女性の働く権利も向上してきた。それでも、他の先進国と比べると、まだまだ大きな開きがあり、雇用の男女格差是正には越えねばならぬ壁が立ちはだかっている。

　日本の女性たちの意識も大きく変わり、女性をとりまく職場や生活も変わってきている。とはいえ女性が自由に自分らしい人生を送ることができるためには、さらに前進していく必要がある。世界に目を向け、他の先進国の取り組みに学び、日本の改革に取り組むことがますます求められる。

　そこで、次に、日本の女性差別撤廃の指導理念であり模範政策でもある、世界の男女差別撤廃運動の理念や政策についてみていきたい。日本が、まだまだ取り組むべき課題がみえてくるはずである。

第 2 章

◎

世界の男女平等をめざす
動向と理論・政策

はじめに

　第1章でみた日本の雇用の男女差別撤廃をめざす裁判闘争は、広く世界史的視野で捉えれば、第2波フェミニズム運動の一環をなしていたといえる。フェミニズム運動とは、女性の権利の獲得・拡張運動である。第2波フェミニズム運動に先だち、19世紀末〜20世紀初頭には第1波フェミニズム運動があり、それは女性の参政権獲得をめざす運動であった。男性に与えられていた参政権を女性にも与えるよう求めた、女性の権利獲得運動であった。世界初の女性参政権は、1893（明治26）年にニュージーランドで獲得され、その後オーストラリア、北欧、西欧、アメリカへと拡大していった。

　日本でも1920年代のいわゆる普通選挙権獲得運動において、女性にも参政権を与えるよう要求する運動が、平塚らいてうや市川房枝などによって展開された。しかし1925（大正14）年、男性には普通選挙権が与えられたものの、女性にはついに与えられなかった。

　日本の女性が参政権を獲得するのは、1945（昭和20）年12月、第2次世界大戦後の戦後改革によってであった。1946年の第1回衆議院選挙で初めて行使された選挙権・被選挙権で、女性議員をいっきょに39名（8.4%）も当選させた。とはいえ、女性議員はそれ以降減少し、長らくその成果を上回ることができなかった。政治分野への女性の進出をめぐっては、北欧をはじめとする男女平等先進国との間には、30〜50年の遅れがみられるのである。

　第2波フェミニズム運動は、1960年代後半から始まった性別役割分業の撤廃による実質的男女平等要求運動のことである。第2次世界大戦後、女性は法律上、男性と平等の権利・地位を与えられたものの、職場をはじめとする実社会にあっては、女性は男性に比し地位が低く、不平等であった。とくに職場での賃金差別は、日本のみならず先進各国共通の問題であった。

　そこで、女性を家庭に押しとどめる性別役割分業を撤廃し、女性も社会で男性と同様に活躍できる社会を実現していこうという運動が沸き起こってきたのである。女性を社会のメインストリームへ押し出そうという要求であった。

第2章　世界の男女平等をめざす動向と理論・政策　83

　この第2波フェミニズム運動は、1970年代から国連に結集し、そこを拠点に世界的な男女差別撤廃運動へと大きな力を発揮するようになっていった。1975年の「国際婦人（女性）年」以来、世界各国の女性差別撤廃運動の理論や成果が国連に集積し、新しい男女平等観と、その実現のための理論・政策が創造され、また世界各地で実践されていったのである。

1．国連と男女平等

　第2波フェミニズム運動は、国連を中心に地球的規模で展開され、拡大していった。そこで以下では、国連主導の取り組みについて、みていくこととしたい。

（1）「国際婦人（女性）年」（1975年）

①「国際婦人年世界会議（第1回世界女性会議）」

　国連は、1975（昭和50）年を「国際婦人（女性）年」と定め、女性差別撤廃のための啓蒙活動を展開することとなった。その最大の行事が、「国際婦人年世界会議（第1回世界女性会議）」であった。メキシコの首都メキシコシティで開催されたその会議には、世界中から5000人もの人が集まった。政府代表や国際機関関係者、ジャーナリスト、民間人など多彩である。日本からも、藤田たき[1]を首席代表として、政府代表者、国会議員など総勢24名が参加した。史上初の女性会議は大規模な会議となった。
　この会議の成果が、メキシコ宣言と世界行動計画の採択であった。メキシコ宣言には、これまでとは一線を画した現代の男女平等観が示された。"平等・開発・平和"の三位一体的実現こそが、男女平等の達成のために不可欠

1）1948（昭和23）年津田塾大学教授、1951年労働省婦人少年局長、1962年津田塾大学学長などを歴任。

であると、世界中の経験と見解の総和として示されたのである。世界会議後、"平等・開発・平和"は女性差別撤廃のスローガンとして、よく聞かれるようになった。また世界行動計画には、219 もの項目が書かれており、女性差別撤廃の具体的目標がいかに多いかを端的に示していた。

「国際婦人（女性）年」の背景

　ところで、「国際婦人（女性）年」が 1975 年に開催されることになったのには、さまざまな背景があった。地球の北側の先進工業国の女性たちの直面した悩みや差別と、地球の南側の発展途上国の女性たちの悩みや差別に大別することができる。それらの悩みや差別を持ち寄って国連で議論し、解決に向けて協力することの必要性で、認識が一致できたのである。

〈北側（先進工業国）の女性たちの問題〉

　先進工業国では、1960 年代の高度経済成長の過程で、女性たちが男性たちに混じって多数職場に進出した。戦後の民主主義のもと、法的男女平等は達成されていたが、職場における女性の位置づけは、それとはまったく異なっていた。男性とは異なり限られた仕事しか与えられず、それらは簡単で補助的なもので（低技能・低熟練労働）であり、したがって賃金も安かった。アメリカでも、1960 年代、女性の賃金は男性の 60% 以下という状況であった。それには、女性は結婚すれば家庭に入るものという社会通念・慣習があり、女性の勤務は短勤続（結婚までの腰かけ）という前提があった。

　このような男女差別に直面して、女性たちは異議申し立てをするようになるのだが、世界中でもっとも早く行ったのがアメリカであった。アメリカには、人種差別撤廃運動が 1950 年代後半から展開されていて、それと連動して一足早く男女差別撤廃運動が高揚することとなった。

　アメリカでは、歴史的にも長らく黒人への人種差別が行われてきたが、第 2 次世界大戦後でもとくに南部では厳しいものがあった。レストラン、トイレ、バスなどの公共施設は、白人と黒人で区別されていた。あるとき、黒人女性が白人指定のバスの座席に座ったことが発端となって、日ごろの対立が燃え上がり、長年差別に虐げられてきた黒人たちは、人種差別撤廃運動を展

第2章　世界の男女平等をめざす動向と理論・政策　　85

開した。マーティン・ルーサー・キング牧師などさまざまな指導者により、この人種差別撤廃運動（公民権運動）は、全米に広がり、高揚していった。

　女性たちもこの運動に携わったが、そのなかで、女性差別撤廃運動に目覚めるようになった。公民権運動は大きな成果として、1963年に「同一賃金法」、1964年に「公民権法」を成立させ、人種・肌の色・国籍・宗教などの違いによる差別を禁止する法律を獲得した。「公民権法」第7編は、雇用に関する差別の禁止を定めているが、ここに、人種・肌の色・国籍・宗教の違いだけではなく、性による差別の禁止も盛りこむことに成功した。

　こうしてアメリカは、イギリスより10年あまり早く、他の先進国より15年以上早く、雇用の性差別を禁止する法律を獲得したのである[2]。他の先進国にはなかった公民権運動の高揚という事情が、そのような成果をもたらした。アメリカの男女差別撤廃運動は、その後、1970年代も引き続き展開され、とくに1972年には連邦議会にて「男女平等憲法修正条項」を成立させた。これは憲法に、男女平等を盛りこむ修正をさせようとするものであった。

　ただしそれが発効するためには、全米で38州の批准が必要であった。35州まではこぎつけたが、期限を延長したにも関わらず、達成できなかった。そして1980年代に入ると、共和党レーガン政権のもとでの逆風（バックラッシュ）にさらされることとなった。

　アメリカの女性たちの不満・批判は、もう一方で、専業主婦という女性のあり方にも向けられた。第2次世界大戦後、家族の理想の形として、夫サラリーマン、妻専業主婦という性別役割分業を核とする「近代家族」が定着した。アメリカでも女性たちは、それを理想の夫婦として受け入れ、実践していった。戦後早くから女性の大学進学率の高かったアメリカでは、女子学生のなかには、在学中から将来のハズバンド探しに熱心な者もいたといわれている。

　しかし次第に、夫の妻、子どもの母親という生き方が、決して自分らしく

　2）各国の雇用平等法は、イギリスは1975年の「性差別禁止法」、ノルウェーは1978年の「男女平等法」、スウェーデンは1980年の「雇用平等法」、フランスは1983年の「男女職業平等法」などであり、日本は1985年の「男女雇用機会均等法」である。

ないと感じる女性が増加した。専業主婦としての人生を空しいと疑問を呈し、自由な生き方を提唱したのがベティー・フリーダンの『新しい女性の創造』（1963年）であった。彼女は全米屈指の有名女子大を首席で卒業し、そののちNOW（全米女性機構）という女性団体のトップとなり、女性差別撤廃運動で活躍した。

　このようにアメリカでは、職場における男女差別と、女性の専業主婦という生き方の解消を迫るウーマン・リブ（女性解放）運動が、1960年代後半から高揚していったのである。この運動は世界中に波及し、ヨーロッパで、さらには1970年代に入ると日本でも展開されることとなった。

〈南側（開発途上国）の女性たちの問題〉

　地球の南側の開発途上国の女性たちは、低開発のため北側の女性たちよりもより厳しい差別に苦しんでいた。例えば、飲み水などの生活用水の確保は女性の役割とされているが、上下水道の整備されていないこれらの国にあっては、水がめを持って遠くの水源まで行き、水を入れて持ち帰るのは、時間のかかる重労働であった。そのため女性は教育の機会から締め出され、結局大人になっても男性のようには仕事の機会に恵まれなかった。教育の機会の格差は、将来の職業の格差、ひいては経済力の格差につながったのである。

　そこで女性たちは、開発への参加を希望した。女性たちが開発に参加できれば、女性たちの要望を取り入れた開発が行われるようになり、その結果、女性たちの生活が改善されるなど、開発の成果を享受できるようになるからである。

　以上のように、地球の北側でも南側でも、女性たちの男女差別撤廃への熱い願いが蓄積されていった。それを受けて、国連は、1975年を国際婦人（女性）年とし、国際婦人（女性）年世界会議（第1回世界女性会議）を開催したのである。

② 新しい男女平等観——“平等・開発・平和”

「国際婦人年世界会議」（第1回世界女性会議）で合意された新しい男女平

等観は、"平等・開発・平和"のスローガンに示された。これは、戦後1960年代までの、女性に家事・育児責任を担わせる考え方（性別役割分業観）とは決定的に異なっていた。また、男女平等の実現に開発や平和を不可欠とする、深遠で社会構造的な見解であった。

　まず「平等」とは、女性の社会参加のことである。女性が男性と平等になるためには、単に法律上、平等や差別禁止が保障されるだけでは不十分である。法的平等を基礎に、実際に、社会の経済・政治・行政・文化などさまざまな分野に、男性と同様、主体として活動できることが必要である。すなわち、社会に能動的に参加して、社会の運営・発展に関与することが男女平等である、というものである。

　加えて、単なる社会参加ではなく、社会の意思決定過程への参加＝参画も不可欠とされるようになった。国や自治体、企業その他のさまざまな組織の意思決定過程に女性が参加することが、男女平等に不可欠と認識されるようになった。女性の社会参加が進むにつれ、「権力」やその周辺への参加を射程に入れるようになり、男女平等の認識も深まったといえよう。

　そして社会参加を可能とするためには、女性の社会参加の障害となっている「性別役割分業」を撤廃することが不可欠である。なぜなら性別役割分業は、男性は仕事、女性は家事・育児を本来の仕事とする考えであり、女性の居場所を家庭内にとどめ、社会参加を阻害する機能があるからである。また女性を仕事から遠ざけ、経済力を剥奪・弱体化するため、男性依存や男尊女卑に結びつきやすい。

　次に「開発」であるが、開発といえば経済開発を連想しやすいが、ここでいう開発は社会全体の開発であり、なかでも人間自身の開発に重きをおいている。開発は語源的には、子どもが大人になること、さなぎが蝶に孵化することである。人間が、その潜在能力を豊かに成長させ、実った力を社会で発揮できる主体になることこそ、開発の中心と捉えている。

　国連開発計画では、この考えに基づき、HDI（人間開発指数）を策定し、健康・教育・所得の側面で人間の開発を測定している。その男女間格差が、GEM（ジェンダー・エンパワーメント指数）であった。現在は、GII（ジェンダー不平等指数）に代わり、保健・エンパワーメント・労働市場の3側面

5指標で測定されている。

　またダボス会議を開催している民間シンクタンクの世界経済フォーラムも、GGI（ジェンダー・ギャップ指数）を毎年発表している。これは、経済・教育・保健・政治の4分野を対象に、GIIよりも多くの指標から男女間格差を算出している。その結果は、毎年発表されていて、北欧諸国が上位を占め、欧米先進国がそれに続いているが、日本は大きくかけ離れた低位にとどまっている。

　ちなみに、日本は2017年には、144カ国中114位である。経済分野（114位）と政治分野（123位）がとくに低い。経済分野では、管理職の女性比率の低さや男女間賃金格差が問題であり、政治分野では、国会議員の女性比率の低さが、とくに問題である。こうした男女格差の背景には、緩慢（かんまん）ながら改善されてきてはいるが、性別役割分業の撤廃や女性の就業観の変化が、世界的にみて立ち遅れていることがある。

　最後の「平和」は、幅広い概念であり、単に戦争や紛争がない状態というものではない。国・地域・民族間などに支配や差別、干渉などがなく、それぞれが独立して、自由で、主権が尊重される状態が保障されていることを指している。そしてこのような平和が実現してこそ、社会は開発できるのであり、逆に戦争や紛争は社会の破壊以外のなにものでもない。平和の実現は開発の前提条件であり、社会の開発が進んでこそ男女平等も実現するのである。その意味で、平和と開発は男女平等になくてはならない条件なのである。

（2）「国連婦人の10年」（1976〜85年）

① 第2回世界女性会議（1980年）

「国際婦人（女性）年」では第1回世界女性会議が開催され、新しい男女平等観を提唱して合意を得るなど大きな成果をあげた。しかし男女差別の撤廃には、今後も引き続き運動が展開される必要があった。そこで、国連は、1976（昭和51）年からの10年を「国連婦人の10年」として、引き続き世

界的男女差別撤廃運動を継続することとした。そして、この10年の中間の年1980年に、第2回世界女性会議を、デンマークの首都コペンハーゲンで開催することを決定した。

この第2回世界女性会議のもともとの趣旨は、前半5年の活動を総括し、後半5年の重点目標を定めることであった。しかし前年の1979年12月に、国連で「女性に対するあらゆる形態の差別の撤廃に関する条約」（以下、女性差別撤廃条約と略す）が成立したため、この中間年会議で署名式を開催することとなった。署名式とは、各国が女性差別撤廃条約への賛意を国際的に表明することであり、ひいてはこの条約を批准する意思を示すことである。より多くの国に署名してもらい、より早くこの条約を発効させたいという意思・目的により、急きょ設定されたのである。

署名式への日本の対応

日本は、当初この署名式には消極的で、署名しない方針であった。それは日本の場合、女性差別撤廃条約を批准するためには、いくつかの法律の制定や改正が必要であったからである。1つは、雇用の平等を保障する法律の制定、2つ目は、家庭科教育の男女共修への変更、3つ目は、子どもの国籍の父母両系主義への変更、の3点である。

日本の雇用の平等を保障する法律は、当時、労働基準法（以下、労基法と略す）3条・4条のみであった。雇用の男女差別を争う裁判では、民法90条が多用されるなど、労働法における雇用の男女平等保障規定の不備は明白であった。女性差別撤廃条約を署名し、批准するとなると、新たに雇用の男女平等を保障する法律の制定が必要であった。

また家庭科の男女別修も、女性差別撤廃条約に抵触していた。日本の家庭科教育は、中学校では男子は技術家庭、女子は家庭科、高校では、女子が家庭科を勉強中に男子は体育や美術など他教科を学ぶという教育課程になっていた。女性差別撤廃条約を批准するためには、男女が同じ家庭科教育を学ぶ共修制度（同一の教育課程）に変更する必要があった。

さらに子どもの国籍についても、父親の国籍を子どもの国籍とする父系主義をとっていたので、女性差別撤廃条約を批准するためには、母親の国籍も

取得できる父母両系主義に変更する必要があった。

　このような事情があって、政府は当初署名に後ろ向きであった。ところが、このような政府の対応が、朝日新聞記者松井やよりにより報道されると、市川房枝などの女性国会議員、女性団体、その他さまざまな女性たちが批判の声を上げ、署名するよう強く要求した。また日本という国の国際的立場からしても、署名しないのは問題であった。結局、政府は署名式の直前になって、やむをえず署名することを決定した。

　日本を代表して署名したのは、当時、初の女性大使としてデンマーク大使を務めていた高橋展子（元労働省婦人少年局長）であった。

② 第3回世界女性会議（1985年）

　「国連婦人の10年」の最終年の1985（昭和60）年7月には、ケニアの首都ナイロビで、第3回世界女性会議が開催された。世界から157カ国の政府代表と1万3500人以上の女性が参加した。活発な議論を経て、『婦人の地位向上のためのナイロビ将来戦略』（以下、「将来戦略」と略す）が採択された[3]。「将来戦略」は、1985年から2000（平成12）年に向けた15年間に「国連婦人の10年」の目標である平等・開発・平和の実現に向けて、各国が取り組むべき実践のためのガイドラインを示したものである。

　「将来戦略」は、戦略策定の基本的認識・枠組みを「序章」で示している。それによると、まず歴史的背景とともに実質的背景が、次のように述べられている。「将来戦略」は、平等を法的平等のみならず、「婦人が受益者かつ能動的行為者として開発に参加する権利、責任及び機会の平等」[4]（10項）と捉えており、その「開発と平和における婦人の平等な参加の増大には人的資源の開発、社会による婦人の地位向上の必要性への認識、社会改革への全員の参加が必要である。」[5]（15項）と考えている。

3）第3回世界女性会議については、国際婦人年大阪の会編『ナイロビ戦略と女性の未来』（資料国際婦人年②）創元社、1989年、を参照。

4）同上、24ページ。

5）同上、28ページ。

第 2 章　世界の男女平等をめざす動向と理論・政策　　91

　しかし現実には、開発と平和における婦人の参加は制限されてきた。その圧倒的障害は「政治的、経済的、社会的、文化的要因の種々の組合せが原因」[6]（18 項）であるが、さらに障害の歴史的要因は、「婦人の生産的及び再生産的役割に対する低い評価、及びその結果婦人の地位が男性より下と見なされてきたこと、及び開発における婦人の参加促進が低い優先度しか与えられなかったこと」[7]（18 項）であると分析・批判している。

　このような実質的背景をふまえ、「現状と 2000 年までの展望」を述べたのち、「『将来戦略』策定の基本的対応」を、次のように述べている。「将来戦略は、長期的で、新国際経済秩序のより広い目標に関係した総合的行動のために実際的、効果的な指針を提供することを目的としている。」[8]（38 項）そのため、即時行動のための措置が示されており、それらのなかには「継続している差別の根底にある性による定型化の除去が含まれている。」[9]（39 項）性による定型化は、開発への婦人の参加の障害であるから、即時行動のための措置として、その除去が必要であると喚起しているのである。

　このように「将来戦略」は、障害克服のための措置と、出現している障害を明確にし、各国での適応過程のガイドラインとなることを目的としている。それを通して、開発における婦人の統合に優先順位が与えられる必要がある（41 項）ことを、主張している。

　以上の「序章」をふまえ、「平等」、「開発」、「平和」それぞれについて、「障害」と「基本的戦略」、「基本的戦略のための国内レベルにおける措置」が展開されている。ここでは「平等」について、紹介しておこう。

　まず「障害」については、「婦人の平等に対する根本的な障害の一つは、男女の地位の事実上の差別が、不平等を生理学上の差を根拠として正統化してきた社会的、経済的、政治的、文化的要因からきているということである。家事や家庭を婦人の主要な領分とし、家事に対する評価を低くし、婦人の能力を男性の能力より劣るとみなす生理学的根拠はないが、このような根拠が

---

6) 国際婦人年大阪の会編、前掲書、29 ページ。
7) 同上。
8) 同上、39 ページ。
9) 同上。

存在するという確信が不平等を永続させ、このような不平等を撤廃するために必要な構造及び態度の変化を妨げている。」[10]（45項）と告発している。

　つまり、性別役割分業と家事・育児労働への低評価が、女性の低評価をもたらし、しかもそれに生理学的根拠があると信じられてきたことが、女性差別の原因であり、男女平等に対する根本的障害のひとつであると分析・批判している。

　そこで、「基本的戦略」としては、「男性との対等の条件の下での権力の分担が主要戦略であるべき」[11]（51項）とし、そのために、開発への参加や、教育・訓練・雇用などの機会の平等が必要である。とともに、「婦人に対する固定観念や婦人に対する認識及び態度によって作り上げられた平等への障害は、完全に排除されなければなら」ず、「立法措置のほかにメディア、非政府機関、政党綱領及び行政措置などを含む公式、非公式ルートを通じた国民全体の教育が必要である。」[12]（56項）と訴えている。

　このように、基本的戦略は、「権力の分担」であり、そのために、開発への参加や人的資源の開発とともに、男女平等の障害である女性に対する固定観念・認識・態度を排除するための「公式、非公式ルートを通じた国民全体の教育」が必要だと訴えている。

　最後に「基本的戦略実施のための国内レベルにおける措置」として、「憲法上及び法制上の措置」「社会参加における平等」「政治的参加及び意志決定における平等」について、それぞれ必要な措置が明示されている。例えば、「憲法上及び法制上の措置」では、「労働の全分野における婦人の男性と同等のパートナーとしての参加、すなわち雇用の全ポストに対する平等な機会、同一価値労働同一賃金、教育と職業訓練への平等の機会」[13]（69項）の確保や、働く婦人の保護についての法制と「非常に生産的なプロデューサー、管理者」[14]（69項）などの労働へのニーズの調整、あるいは家事を男女にとり

10）国際婦人年大阪の会編、前掲書、42ページ。
11）同上、44 ～ 45 ページ。
12）同上、46 ページ。
13）同上、49 ～ 50 ページ。
14）同上、50 ページ。

容易にする社会サービスの部署の発展、などである。

　また「社会参加における平等」では、「すべての政府は、非政府機関、婦人の圧力団体が存在する所ではこれらの団体、調査機関、メディア、教育機関、伝統的な通信機関と協力して、あらゆる差別的概念、態度及び慣習を二〇〇〇年までに撤廃するための総括的で長期的な公共キャンペーンを実施する必要がある。」[15]（77 項）と力説している。そのほかにも、学校での女性史・女性学関連の講座の設置や女性学研究の推進、新しい教育方法と教科書等での新しい男女像の紹介、職業では男性の領分とみなされた分野への婦人の参加とそのための特別措置、とくに公共企業体での実践、「マスメディアにおける婦人の描写の本質的かつ継続的な改善」[16]（85 項）等が必要な措置として推奨されている。

　「政治的参加及び意志決定における平等」では、国および地方のすべての立法機関への参加と上位ポストへの就任、雇用における管理部門への参加、国・州・地方レベルの意志決定過程への参加などが指摘されている。

　以上紹介したように、「将来戦略」は、男性と対等な権力の分担を主要戦略に据えて、女性の開発への参加を男女平等実現の鍵と捉えている。そのためには人的資源の開発とともに、障害である＜性別役割分業と家事・育児労働への低評価による女性への低評価＞＝＜性による定型化＞の除去が必要であり、それらを実現するために各国が取り組むべき国内レベルの措置を明示・推奨しているのである。

（3）第 4 回世界女性会議 北京会議（1995 年）

　第 3 回世界女性会議から 10 年後の 1995（平成 7）年には、アジアで初めての世界会議が、中国の北京で開催された。世界中から 5 万人もの人が参加し、史上最大の国際会議となった。第 1 回会議の 10 倍の規模である。

　北京会議は、規模の大きさだけでなく、その内容からも大きな成果がみられた。1990 年代前半に相次いで開催された世界会議では、新たに重要な問

15）国際婦人年大阪の会編、前掲書、52 ページ。

16）同上、54 ページ。

題提起がなされ、それらが北京会議でも、女性差別撤廃のための新たな課題として位置づけられたのである。

① 1990年代前半の世界会議

　まず1992（平成4）年には、国連環境開発会議が、ブラジルのリオデジャネイロで開催された。ここでは、1960年代の高度成長期以降の経済発展は乱開発であり、熱帯雨林の破壊、酸性雨、地球の温暖化など地球環境に重大な影響をおよぼしていること、したがって、これまでのやり方をこれ以上続けることはできず、これからは地球環境と調和する"持続可能な開発"に転換する必要があることが主張された。なお、この会議の議長を務めたのが、ノルウェー初の女性首相であるブルントラントであった。

　1993年には、オーストリアのウィーンで世界人権会議が開催され、「女性の人権」が明記された。1980年代の終わりから90年代初めにかけて、いわゆる東西冷戦が終結したが、その後ヨーロッパでは民族紛争が勃発した。その紛争のもと、多くの女性が集団レイプの被害者となる事件が発生した。女性に対する暴力の問題がクローズアップされ、その撤廃が強く主張されたのである。またそれと関連して、第2次世界大戦中の旧日本軍による性奴隷の問題として「従軍慰安婦」問題が厳しい批判を浴び、問題の解明と政府の対応が求められた。

　1994年には、国際人口・開発会議がエジプトのカイロで開催された。世界の人口の爆発的増加問題が取り上げられ、その解決策の1つとして、"リプロダクティブ・ヘルス・ライツ"（性と生殖に対する自己決定権）の重要性が指摘された。女性自身が、自分の妊娠や出産について決定する権利をもち、出産する子どもの数や産む間隔、いつ産むかについて主体性をもつことの重要性が指摘されたのである。それは同時に、女性の健康への配慮につながる問題であった。

　1995年には、社会開発サミットが、デンマークのコペンハーゲンで開催され、社会の意思決定過程への女性の参加の必要性が指摘された。

② 北京会議の特徴

1990年代前半の世界会議の問題提起を組み入れ、北京会議の内容もよりいっそう充実することとなった。北京会議の主要な成果をあげれば、以下の通りである。

まず第1に、「女性の権利は人権」が、再確認されたことである。当時、米大統領夫人であったヒラリー・クリントンが、北京会議の演説で取り上げたことで、一躍有名になった言葉である。戦時・紛争下の性暴力や従軍慰安婦問題などの女性に対する暴力の撤廃が、日常生活におけるDV（ドメスティック・バイオレンス）の撤廃とともに、緊急の解決すべき課題として合意された。人権は男性の権利だけではなく、女性の権利でもあり、暴力によって女性の権利が奪われてはならないことが、強調されたのである。またリプロダクティブ・ヘルス・ライツも、女性の権利として提起された。

第2は、持続可能な開発と経済における女性の役割に関し、認識を転換する必要性が指摘された。経済開発のあり方が批判されたのは、経済のグローバル化の進展が、世界の女性たちに貧困をもたらしたからである。1990年代は経済のグローバル化が進行し、世界の多国籍企業が、低賃金と新たな市場を求めて世界中に進出した。しかし現地の女性労働者の低賃金と劣悪な労働環境により、女性の貧困という問題を引き起こしたとして、解決が求められたのである。

また、女性が従事する家内労働や家事・育児労働が無償であることにも、批判が向けられた。途上国では、女性は家族のために農作業に従事しているが、報酬をもらうことがない。先進国では、女性は家族の生活に欠かせない家事・育児（「再生産労働」）を引き受けているが、報酬が支払われることはない。このように女性が家族のために担っている労働はアンペイド・ワーク（無償労働）であり、男性（夫）が担うペイド・ワーク（有償労働）と区別されている。それは、女性の働き・役割を軽視ないし無視するものであり、家事・育児労働に対する正当な社会的評価、経済的評価が求められたのである。

この問題は、無償労働を男女でいかに分担するか、合わせて、社会がいか
に新しい働き方を創造するかという問題に展開していった。保育所の整備や
育児休暇制度の普及・改善により、男女がフルタイムで働くスウェーデン型
や、パートタイム労働を女性だけでなく男性にも広げて、夫婦が交替で育児
するオランダ型など、さまざまな模索がなされた。

　第3に、ジェンダー視点の主流化と、そのためのジェンダー統計の整備の
必要性が提起された。女性差別は、社会の制度や慣行にまで深く入りこみ、
構造的である。女性はこの構造的で堅牢な女性差別に敏感になって（ジェン
ダー・センシティブ）、それらを性中立的（ジェンダー・ニュートラル）な
ものに変えていく必要がある。そのためには、ジェンダー統計を整備・充実
させて、女性差別を可視化していく必要があるというものである。

　第4に、女性差別を撤廃するためには、女性自身が学習や経験を積んで力
をつける（エンパワーメント）とともに、その力を積極的な社会参画で発揮
することが必要である。女性がNGO（非政府組織）に参加し、活躍するこ
とが求められている。

（4）2000年以降の動向

　北京会議以降も、世界女性会議は定期的に開催されてきた。2000（平成
12）年には、国連特別総会として開催され、グローバル化による否定的影響
とともに、女性に対する暴力や健康、政治参加の面での前進が指摘された。

　2005年には「第49回国連女性の地位委員会」（「北京＋10」ハイレベル会
合）が開催され、国際婦人（女性）年以降30年の成果が指摘され、引き続
き北京行動綱領の完全実施に向けた行動が再確認された。

　2010年には、国連で"UN Women"が設置された。ジェンダー平等と女
性のエンパワーメントのための機関として、従来の4つの機関[17]をひとつに
まとめ、影響力を大きくするための改組であった。UN Womenの優先テー

17）4つの機関とは、DAW（国連女性地位向上部）、INSTRAW（国際婦人調査訓
　　練研究所）、OSAGI（国連ジェンダー問題特別顧問事務所）、UNIFEM（国連女
　　性開発基金）である。

マは、「女性のリーダーシップと政治参加」、「女性の経済的エンパワーメント」、「ガバナンス・国家計画と女性」などである。

2015年には、国連本部で「持続可能な開発サミット」が開催され、その成果文書として、「我々の世界を変革する：持続可能な開発のための2030アジェンダ」が採択された。それは宣言と目標からなり、目標が「持続可能な開発目標（SDGs）」である。世界のすべての国・NGO・市民・企業等が協力して、地球との共存をめざすために、2016年から2030年までの15年間で達成すべき17の目標が設定されている。17の目標には貧困や飢餓の根絶、健康・福祉と教育、安全な水とエネルギーの問題とともに、ジェンダー平等、働きがいと経済成長、格差の解消も含まれている[18]。

ジェンダー平等は目標5に掲げられ、「ジェンダーの平等を達成し、すべての女性と女児のエンパワーメントを図る」とされている。この目標に関するターゲットは9個ある。例えば、「5.1 あらゆる場所におけるすべての女性および女子に対するあらゆる形態の差別を撤廃する」、「5.5 政治、経済、公共分野でのあらゆるレベルの意思決定において、完全かつ効果的な女性の参加および平等なリーダーシップの機会を確保する」、「5.c ジェンダー平等の促進、ならびにすべての女性および女子のあらゆるレベルでのエンパワーメントのための適正な政策および拘束力のある法規を導入・強化する」などがある。

また育児・介護や家事労働については、「5.4 公共のサービス、インフラ、および社会保障政策の提供、ならびに各国の状況に応じた世帯・家族内における責任分担を通じて、無報酬の育児・介護や家事労働を認識・評価する」と記されている。

「働きがいと経済成長」は目標8に掲げられ、「すべての人のための持続的、包摂的かつ持続可能な経済成長、生産的な完全雇用およびディーセント・ワーク（働きがいのある人間らしい仕事）を推進する」とある。まさに雇用と経済成長の調和が目標とされている。具体的ターゲットのひとつは、「8.5 2030年までに、若者や障害者を含むすべての男性および女性の、完

---

18) SDGsの17の目標と169のターゲットの個別解説はイマココラボによる（https://imacocollabo.or.jp/about-sdgs/17goals）。

全かつ生産的な雇用およびディーセント・ワーク、ならびに同一労働同一賃金を達成する。」である。

目標10は、「人や国の不平等をなくそう」であり、ターゲットには「10.1 2030年までに、各国の所得下位40%の所得成長率について、国内平均を上回る数値を漸進的に達成し、持続させる。」「10.4 税制、賃金、社会保障政策をはじめとする政策を導入し、平等の拡大を漸進的に達成する。」があげられている。

持続可能な開発のためには、ジェンダー平等が、働きがいのある雇用と調和する経済成長や、賃金と所得再分配による低所得層の引き上げとともに必要不可欠であることを示している。

（5）世界会議の成果の各国・自治体への普及

世界会議で合意された女性差別撤廃の理念・目標と具体的取り組みは、各国とその自治体にも浸透し、世界中に広がっていった。日本の場合、1975（昭和50）年9月に「婦人問題企画推進本部」が、ナショナル・マシーナリーとして設置され、そのもとで、1977年には日本における男女差別撤廃の目標と具体的取り組みをまとめた「国内行動計画」が策定された。このような取り組みは、都道府県・市町村段階でも行われ、次第に全国に浸透していった。

第3回世界会議で「ナイロビ将来戦略」が採択されたのちの1987年5月に、日本政府（婦人問題企画推進本部）は「西暦2000年に向けての新国内行動計画──男女共同参加型社会の形成を目指す」を策定した[19]。

「第1部　基本的な考え方」において、「今後は、……制度上のみならず実際上の婦人の地位向上を図り、婦人が十分に能力を発揮し、男性と平等な立場で、社会に貢献できる状況を作っていくことが必要である。そのためには、社会に根強く残存する固定的性別役割分担意識の解消と、婦人の社会参加のための社会的条件整備」が必要である。そのうえで、婦人の社会参加と男性

---

19) この内容についてに、国際婦人年大阪の会編、前掲書による。

の地域・家庭参加の双方を促進して、初めて男女共同参加型社会が実現すると述べ、これからは「西暦2000年に向けて、婦人の歴史は第三の新しい時代を迎えた」と、位置づけた。

そして「第2部　施策の基本的方向とその展開」では、「男女平等をめぐる意識変革」「平等を基礎とした男女の共同参加」「多様な選択を可能にする条件整備」「老後生活をめぐる婦人の福祉の確保」「国際協力及び平和への貢献」という5つの分野での基本的施策が示されている。例えば「男女平等をめぐる意識変革」では、その一つとして「固定的性別役割分担意識の是正」が掲げられている。とはいえ、「……婦人週間、人権週間その他あらゆる機会と媒体を活用して啓発、広報を行う」と述べられるにとどまり、「ナイロビ将来戦略」が要請する＜完全な排除＞という目標や＜公式、非公式ルートを通じた国民全体の教育＞、＜政府が非政府機関、婦人の圧力団体、調査機関、メディア、教育機関、伝統的な通信機関と協力して、あらゆる差別的概念、態度及び慣習を2000年までに撤廃するための総括的で長期的な公共キャンペーンの実施＞という取り組みには遠くおよばない。

また「平等を基礎とした男女の共同参加」では、その一つとして「雇用の分野における男女の均等な機会と待遇の確保」が掲げられ、男女差別的定年制・退職制の廃止と均等法の制定と施行などにふれられている。とはいえ、均等法は、募集・採用と配置・昇進が努力義務規定であり、暫定的特別措置の規定もないなど「ナイロビ将来戦略」の要請する水準・領域には程遠いのが現状であった。

1994（平成6）年には、ナショナル・マシーナリーは、「男女共同参画推進本部」（事務局：内閣府男女共同参画局）に編成替えされた。そのもとで、1996年に「男女共同参画ビジョン」、「男女共同参画2000年プラン」が策定され、それに伴い「男女共同参画基本計画」（第1次～第3次）も策定された。

1999年には、「男女共同参画社会基本法」を制定し、すべての分野にわたる男女平等達成のための法的枠組みを獲得した。各自治体では、これを模範に、「男女共同参画（平等）条例」が相次いで制定された。なお、「男女共同参画社会基本法」は、日本で初めて、間接差別の禁止を条文化した点でも、

大きな意義がある。

　2003 年に制定された「男女共同参画基本計画」により、現在、2020 年までに、女性が社会の意思決定機関で 30％を占めるようになることが、目標とされている。

　さらに、2015 年 9 月に国連本部で採択された「持続可能な開発目標（SDGs）」の実施に向け、日本も、2016 年 5 月に SDGs 推進本部を立ち上げ、12 月には実施指針を決定した。目標は、日本の文脈に合わせて 8 つの優先課題に再編成し、140 の国内外の具体的施策を掲載している。ジェンダー平等は、「1．あらゆる人々の活躍の推進」という課題に含まれ、具体施策として「女性活躍の推進」が「一億総活躍社会の実現」、「子供の貧困対策」などとともに掲げられている[20]。

2.「女性に対するあらゆる形態の差別撤廃条約」
（国連 1979 年）

　国連を中心とする女性差別撤廃運動は、国際女性年以降さまざまに展開されてきたが、そのなかで最大の成果とされているのが、「女性差別撤廃条約」[21] の成立である。この条約に対して、世界からとても高い評価と称賛の声がかけられている。"世界女性のバイブル"、"世界女性の憲法"、「フランス革命の『人権宣言』に次ぐ画期的宣言」などが、その例である。

　2015（平成 27）年 7 月現在、189 カ国がこの条約を批准している。日本は、1985（昭和 60）年に 72 番目の条約加盟国となり、同年 7 月 25 日に効力が発生した。女性差別撤廃条約の加盟国は、これを自国の法律以上に遵守する法的責任を負っており、女性差別撤廃の法的内容の周知徹底と実現に対する

20）日本の持続可能な開発目標（SDGs）実施指針については、https://www. kantei.go.jp/jp/singi/sdgs/ を参照。

21）女性差別撤廃条約については、山下泰子『女性差別撤廃条約の研究』尚学社、1996 年、赤松良子監修 国際女性の地位協会編『新版 女性の権利　ハンドブック 女性差別撤廃条約』岩波ジュニア新書、2005 年、林陽子編著『女性差別撤廃条約と私たち』信山社、2011 年、参照。

第2章　世界の男女平等をめざす動向と理論・政策　101

義務が課せられている。

　女性差別撤廃条約は、1975年の国際婦人年世界会議で採択された宣言や行動計画と同じ考え方である。ただし宣言は、世界会議に出席した国々に対し、いわば遵守の「道徳的責任」を課すにすぎない。それに対し、女性差別撤廃条約は、条約という法的国際文書であり、日本の場合、憲法に次ぐ高い優先的地位が与えられる。つまり条約は、宣言とは違い、批准国に対し強力な遵守義務を課すことができるのであり、そのような実効力の高い条約が成立した意義はきわめて大きいのである。

（1）　女性差別撤廃条約の基本的考え方・特徴

　「女性差別撤廃条約」の基本的考え方・特徴は、次の5点にまとめることができる。①「平等・開発・平和」の三位一体的実現を内容とする新しい男女平等観、②社会生活の全分野を対象とする包括的な男女差別の禁止、③母性の社会的重要性の指摘と強調、④男女および社会が共同責任をもつ新しい子どもの養育観、⑤暫定的特別措置の承認と奨励、である。以下、それぞれについて説明してく。

①　新しい男女平等観──"平等・開発・平和"

　新しい男女平等観については、すでに国際婦人（女性）年の第1回世界女性会議の項で説明した。ここでは重複を避けて、「平等」と「開発・平和」の相互依存の関係について、説明しておく。

　女性差別撤廃条約では、男女平等とは女性の社会参加であり、それが「国の完全な発展、世界の福祉および理想とする平和」に欠かせないこと、また逆に、窮乏の状況や、差別・侵略などの国際緊張が男女差別を助長すること、そして女性の社会参加を実現するためには性別役割分業の撤廃が必要不可欠、としている。このように、「平等」が「開発・平和」に欠かせないだけでなく、「開発・平和」が「平等」実現の条件であると捉えている。

　女性に対する差別の意味や弊害については、「前文」で次のように述べて

いる。「女子に対する差別は、権利の平等の原則及び人間の尊厳の尊重の原則に反するものであり、女子が男子と平等の条件で自国の政治的、社会的、経済的及び文化的活動に参加する上で障害となるものであり、社会及び家族の繁栄の増進を阻害するものであり、また、女子の潜在能力を自国及び人類に役立てるために完全に開発することを一層困難にするものである……」[22]

このように、女性差別撤廃条約は、男女の平等とは、性別役割分業の撤廃を条件とする女性の社会参加であり、それが、国の発展や世界平和とは相互依存関係にあると、捉えているのである。

② 社会生活の全分野を対象とする包括的な男女差別の禁止

女性差別撤廃条約は、前文と第1部～第6部からなる。社会生活の全分野を対象に男女差別を禁止しており、まさに包括的な男女差別の禁止となっている。

全体の構成を紹介すると、前文は、①で紹介したような男女平等観の理念を、格調高く述べている。

[第1部]

第1部は総論で、女性差別の定義（第1条）や男女差別撤廃の方法（第2条）、男女平等実現のための女子の能力開発や向上（第3条）、暫定的特別措置や母性保護（第4条）、性別役割分業の撤廃と母性と育児の適正な理解を含む家庭教育（第5条）、女子の売買及び女子売春の禁止（第6条）が、書かれている。

このうち、第1条の女性差別の定義については、次のように述べている。女性差別とは、「性に基づく区別、排除又は制限」であり、社会のあらゆる分野（「政治的、経済的、社会的、文化的、市民的その他いかなる分野においても」）で、女子（婚姻状況を問わず）が男女の平等を基礎に、「人権及

---

22)「対訳 女性差別撤廃条約（英語正文と公定訳）」赤松監修 国際女性の地位協会編『新版 女性の権利 ハンドブック 女性差別撤廃条約』岩波ジュニア新書、2005年、3～5ページ。

び基本的自由を認識し、享有し又は行使することを害し又は無効にする効果又は目的を有するものをいう。」[23] とされている。このように、女性差別とは、性に基づく「排除または制限」だけでなく、「区別」も含み、女性が性を理由に、社会のあらゆる分野で、人権や基本的自由が損なわれるすべての場合を指しているといえよう。

第2条の男女差別撤廃の方法では、男女平等の原則を憲法に組み入れ、法律でその実現を確保すること、立法等による女子差別の禁止、女子の権利の法的保護と自国裁判所等の公的機関による女子差別からの保護、「公の当局及び機関」も「個人、団体又は企業」も女子差別撤廃の義務を負うこと、女子差別となる「既存の法律、規則、慣習及び慣行」の修正または廃止、女子差別となる刑罰規定の廃止、が規定されている。

［第2部］
第2部は、政治、国籍など公的生活が対象である。女子の選挙権および被選挙権、政府の政策策定や公職へ参加する権利、政府代表としての国際的活動など政治的活動の権利と、女子自身の国籍と子どもの国籍（父母両系主義）に対する権利などが規定されている。

［第3部］
第3部は、教育、雇用、保健医療サービス、経済、農村など社会生活が対象である。教育についていえば、「同一の教育課程、同一の試験、同一の水準の資格を有する教育職員並びに同一の質の学校施設及び設備を享受する機会」[24] が規定されている。この「同一の教育課程」に抵触したのが、日本の家庭科教育の男女別修制であり、女性差別撤廃条約の批准に伴い1994年から男女共修制に変更された。

また、性別役割分業概念の撤廃を、男女共学の奨励や「教材用図書及び指導計画」の改訂並びに「指導方法」の調整で行うことが規定されている。その他、「職業指導、修学の機会及び資格証書の取得のための同一の条件」や

---

23) 「対訳 女性差別撤廃条約」赤松監修 国際女性の地位協会編、前掲書、7ページ。
24) 同上、15ページ。

奨学金を享受する同一の機会なども規定されている。

第11条の雇用に関しては、後述する。

[第4部]

第4部は、法律、婚姻・家族など私的生活が対象である。法律に関しては（第15条）、「法律の前の男子との平等」、契約の締結や財産管理など民事に関する「男子と同一の法的能力」の付与とそれを「行使する同一の機会」の付与などが規定されている。

婚姻に関して「婚姻をする同一の権利」、「婚姻中及び婚姻の解消の際の同一の権利及び責任」、「夫及び妻の同一の個人的権利（姓及び職業を選択する権利を含む）」[25] などが規定されている。

婚姻については、日本は女性差別撤廃委員会から変更を要請されている。それは、男女で婚姻の最低年齢が異なること（女子16歳、男子18歳）や、再婚禁止期間が男女で異なること（男性は離婚後ただちに再婚可能であるが、女性は離婚後300日の待機期間が設けられている）、結婚に際し同一姓の選択が強制されていること（どちらの姓も選択することができるが、男性の姓を選択する場合がほとんどである）が、女性差別撤廃条約に抵触するというものである。

このうち再婚禁止期間と同一姓の強制については、2015年年末に最高裁で判決が下された。それによると、100日を超える再婚の禁止は憲法違反であること、同一姓の選択の問題点は「通称使用」で緩和されており、憲法違反とはいえないが、立法府で審議すること、というものであった。この最高裁判決を受け、2016（平成28）年に再婚禁止期間を300日から100日に短縮する法改正が行われた。

なお同一姓の選択については、1990年代半ばに「選択的夫婦別姓」制度の法案が提出されたが、実現しなかった。この問題をめぐっては、現在も裁判で争われている。ちなみに世界の動向としては、婚姻に際しての姓は、夫婦別姓が主流である。また再婚禁止期間も撤廃されてきている。

25）「対訳 女性差別撤廃条約」赤松監修 国際女性の地位協会編、前掲書、25ページ。

［第5部］

第5部は、この条約の運用にあたる「女子差別撤廃委員会」などが規定されている。女子差別撤廃委員会は、条約の実施に関する進捗状況を検討するためのものであり、条約が対象とする各分野の十分な能力を有する専門家で構成される（現在は23人）。条約締結国は、条約の実施のためにとった措置ともたらされた進歩について、条約の効力発生から1年以内とその後は4年ごとに報告を行う義務がある。この報告書に基づき、女子差別撤廃委員会は、締約国と「建設的対話」を行い、改善策の指導として「一般的勧告」を公表している。

なお2015年2月から、女子差別撤廃委員会の委員長に、日本の林陽子弁護士が選出されている（任期2年）。

第6部は、条約の適用手続きなどが規定されている。

③ 母性の社会的重要性

3つ目の特徴は、母性の社会的重要性の指摘である。母性とは、生物学的にみて女性のみがもつ子どもを産む機能のことである。この母性概念が、従来の妊娠・出産のみならず育児全般も含む幅広いものから、妊娠・出産に限定し厳密化するよう見直しが行われた。

以前は、母性は妊娠、出産、育児のすべてを含み、これらすべてが女性の役割と考えられてきた。男性にはできない、またはしないものであり、女性だけが担う役割と考えられた。だからこそ、女性労働者には男性労働者以上に健康への配慮がなされてきた。日本の労基法で、女性労働者には、深夜業を原則禁止し、時間外労働の制限も男性以上に厳しくしてきたのは、妊娠・出産・育児を担う女性（母体）の健康が、子どもの健康にも影響すると考えられたからにほかならない。

しかし、母性を生物学的にみた女性特有の機能だとすれば、育児は、母乳の授乳を除けば男性にもできることである。これまで女性が担ってきたのは、妊娠・出産の延長として女性がするものと考えられ、慣習として根づいてき

たからにすぎない。

　新しい男女平等観は、女性の社会参加の実現を求め、男性も家庭運営を担うことを求めている。その視点で改めて育児を見直せば、女性だけの仕事ではなく、男性もできる仕事であり、むしろ男性もすることが望ましいのである。こうして、母性とは、妊娠・出産と母乳の授乳という育児の一部であるという新しい概念に変更されたのである。

　またそのような変更にともなって、育児は母性ではなく、男女がともに行うこと、これまで女性により配慮した健康の保障は、男女労働者に共通に保障すべきこと、と変更されたのである。

　女性差別撤廃条約の特徴は、この厳密化された母性のもつ社会的重要性を指摘し、重視していることである。子どもを産み育てることは、個々の夫婦・家族にとって大きな喜びであり、幸せである。また家系という形で、家族や家族の営みがつながれていく。こうした個々の家族における子どもを産み育てるという営みは、視点を変えて社会全体としてみれば、次世代の育成であり、今の現役世代が引退する頃には、代わって社会の運営に携わる人々を育成していることになる。

　このように、個々の家族・家庭で行われている出産・子育ては、社会全体でみれば、次世代の育成という社会の存続・発展に欠かせない機能でもある。これが母性のもつ社会的重要性なのである。

　母性がこのような社会的重要性をもっているからこそ、母性を理由とする差別はあってはならないし、母性を保障して健やかな妊娠・出産を実現するために母性保護が必要となるのである。

　女性差別撤廃条約は、前文で、母性を理由とする差別を禁止して、「出産における女子の役割が差別の根拠となるべきではな（く）」[26]いと述べている。また第４条２で、母性保護が逆差別ではないことを、「締約国が母性を保護することを目的とする特別措置（中略）をとることは、差別と解してはならない。」[27]と述べている。

　日本ではマタニティ・ハラスメントが横行しているが、それは母性の社会

26）「対訳 女性差別撤廃条約」赤松監修 国際女性の地位協会編、前掲書、7 ページ。
27）同上、11 ページ。

的重要性に対する無知・無視にほかならない。これからの社会は女性が働くのが当たり前であり、働きながら出産・育児をする社会である。妊娠・出産時に、たとえ一時的に労働効率が低下することがあったとしても、経営者や男性労働者など、職場関係者はそれを受容しなければならない。妊娠・出産はひとえに女性にゆだねざるを得ないのであり、家族と社会のため女性が特別の働きをしているからである。

　妊娠・出産する女性労働者を、近視眼的に差別していれば、長期的にみて人口・労働者の維持・確保はできなくなる。母性保護は、母性という機能が、労働により阻害されないように、国家が企業に対し労働条件を規制し保障するものである。決して「弱い女性」を保護するものではない。社会の維持・発展を望むならば、母性のもつ社会的重要性を適正に理解し、マタニティ・ハラスメントをなくすべきである。

④ 新しい子どもの養育観——男女および社会の共同責任

　女性差別撤廃条約が実現をめざす男女平等社会とは、男性も女性も仕事をするとともに、家事・育児も協力して行う社会、いわば男女協働社会である。それは、戦後定着した近代家族のもとで、女性にとって支配的だった専業主婦というあり方が減少し消滅する社会である。男女平等の先進国スウェーデンでは、すでに1980年代に専業主婦が消滅したといわれている。

　そこでは、共働きの両親が、育児休暇や保育所などの育児サービスを利用して、それぞれが仕事と家事・育児の両立を行う。性別役割分業社会で専業主婦が一手に引き受けてきた家事・育児を、夫婦が協力して担うとともに、それを可能とするように働き方も改革されなければならない。労働時間の短縮と柔軟化、育児休暇や保育サービスの整備などが、新しい社会には必要となる。このような新しい社会の仕組みが整備されて初めて、男女がともに働きながら家事・育児をする社会が実現する。その意味で、子どもの養育も、単に男女が共同して責任を負うというだけではなく、そのようなことが可能となる仕組みをもった新しい社会を創造することが必要であり、その責任を社会が負っているのである。

女性差別撤廃条約は、前文で、「子の養育には男女及び社会全体が共に責任を負うことが必要である」[28]と述べるとともに、第5条（b）で、「家庭についての教育に、社会的機能としての母性についての適正な理解並びに子の養育及び発育における男女の共同責任についての認識を含めることを確保すること、あらゆる場合において、子の利益は最初に考慮するものとする」[29]と述べている。

⑤ 暫定的特別措置

5つ目の特徴は、暫定的特別措置の必要性を認め、奨励していることである。暫定的特別措置とは、事実上の男女平等を促進するための女性優遇措置のことである。女性差別の歴史は長く、社会に構造的に固く組み込まれているため、その解消は困難で時間がかかる。また、女性差別撤廃条約の求める男女平等は、単なる「機会の平等」ではなく、事実上の男女平等、「結果の平等」である。

仮に雇用における機会の平等が実現して、採用で男女平等となったとしても、長い歴史のなかで「男社会」であった企業社会では、従業員数でも、仕事の配分でも、管理職の割合でも、簡単に男女平等が実現するわけではない。事実上の男女平等を実現するためには、機会の平等に加え、採用・職務配置・登用などにおける暫定的な女性優遇措置が必要で効果的である。長い歴史のなかで蓄積された強固な男女差別を解消するためには、暫定的に、特別措置という促進措置が必要不可欠である。

女性差別撤廃条約は、第4条1で、「締約国が男女の事実上の平等を促進することを目的とする暫定的な特別措置をとることは、この条約に定義する差別と解してはならない。ただし、その結果としていかなる意味においても不平等な又は別個の基準を維持し続けることとなってはならず、これらの措置は、機会及び待遇の平等の目的が達成された時に廃止されなければなら

28）「対訳 女性差別撤廃条約」赤松監修 国際女性の地位協会編、前掲書、7ページ。
29）同上、11ページ。

ない。」[30] と述べている。このように、あくまでも暫定的という条件のもと、事実上の男女平等の促進に役立つ特別措置の取り組みを認め、奨励しているのである。

現在採用されている暫定的特別措置を紹介すると、アメリカやノルウェーで採用されている「割り当て制（クォータ制）」とヨーロッパで一般的な「意識的な改善計画の策定と実行型」がある。

〈アメリカ〉

アメリカでは、1960年代にすでに、連邦政府が、連邦政府と年間5万ドル以上の契約を受注する50人以上規模の企業に対し、男女平等計画の策定と実行を義務づける措置をとってきた。もし計画通りの改善を実行していなければ、その後仕事の契約を取りやめるというものであった。公契約の受注を条件に男女平等を義務づけたのである。

その後、州政府においても、伝統的男性職である警察官や消防署職員の採用に際し、割り当て制（クォータ制）を取り入れるところが出てきた。適正な男女比として地域の労働力人口の男女比を基準として、その水準に女性の警察官や消防署職員が達するように、女性有資格者を優先的に採用しようというものである。

これは、女性の割合が所定の水準に早く達するために、就職を希望する女性であれば誰でも採用しようという数合わせではない。就職試験をして、その仕事に就くのにふさわしい適性や能力を備えていると判断される「有資格者」を選んだ後、そのなかから女性を優先的に採用することにより、男女の格差を縮小しようというものである。このような女性優遇措置のことを、アメリカでは「アファーマティブ・アクション」という。アメリカと同様カナダも、暫定的特別措置のことを「アファーマティブ・アクション」と呼ぶ。

〈ノルウェー〉

割り当て制（クォータ制）の発祥の地はノルウェーである。元オスロ大学

30）「対訳 女性差別撤廃条約」赤松監修 国際女性の地位協会編、前掲書、11ページ。

教授で社会学者のベリット・オースが考案したとされている[31]。ノルウェーでは、男女平等の基準は「いずれの性も4割を下回らない」ことである。1978（昭和53）年に男女平等法が制定されてから、この基準が、まず公的機関に適用された。その結果、1980年代には、国会議員や閣僚の男女格差が縮小した。女性初の首相となったブルントラントの第2次内閣（1986年）では、閣僚の約半分（18人中8人）を女性が占めた。当初、ノルウェーでも、この内閣に対し、揶揄や疑問が呈されたが、いわばカルチャー・ショックを経験したのち、女性の実力に対する国民の信頼を獲得した。その後も、この4割クォータ制の適用は拡大していき、2004（平成16）年からは国営企業の取締役も対象となった。2006年1月からは民間企業の取締役にも適用された[32]。ノルウェーの上場企業およそ500社が対象となった。その結果、2014年には、女性取締役比率は世界最高（4割）で、その他の諸国を大きく引き離している[33]。

　なおクォータ制は、その後ドイツやフランスにも波及し、公務員の女性採用が促進されている。ドイツは1994年の「男女同権法（いわゆる第2次男女同権法）」で、公務部門における女性の雇用促進のためのクォータ制を導入したが、2000年代に入ると、州法その他により50％クォータ制が導入された[34]。

　またフランスは、2001年の改正男女職業平等法（通称ジェニソン法）で、公務員にクォータ制を導入した（翌年その割合が最低3分の1と定められた）のに続き、2011年には取締役会の女性比率を40％とする法律を成立させ、上場企業は2017年までの実現を義務づけられている[35]。

〈スウェーデン〉
　それに対しスウェーデンは、割り当て制（クォータ制）を採用せず「意識

---

31) 三井マリ子『男を消せ！』「第4章　クォータ制の発明」毎日新聞社、1999年。
32) カリータ・ベッケメレム＋坂東眞理子『カリータ・ベッケメレム　男女格差のない社会』NHK出版、2008年。44～58ページ。
33)「女性役員開花の春」『朝日新聞』2014年4月28日付。
34) 辻村みよ子『ポジティブ・アクション』岩波新書、2011年。47～48ページ。
35) 同上、34～40ページ。

的な改善計画の策定と実行」という方法を採用している。ヨーロッパでは、こちらの方法をとる国が多い。スウェーデンの雇用における男女平等の方針は、「すべての職種・職階で、いずれの性も4割を下回らない」である。これは、いわゆる水平的職務分離も垂直的職務分離も解消するということである。このような意識的男女平等促進措置のことを、"ポジティブ・アクション"と呼ぶ。

スウェーデンは、男女平等の先進国であり、女性の職場進出も早くから進んだが、進出先は、教育・福祉・医療という公的部門に偏り、民間部門への進出は遅れている。女性管理職は公的部門では多いが、民間部門では少ない[36]。このような性別職務分離を解消し、職種の偏りとともに、職位の男女格差を解消しようという目標を立てたのである。

そこで1991年には「雇用平等法」を改正し、10人以上の事業主に「すべての職種・職階で、いずれの性も4割を下回らない」ようにするための改善措置を義務づけたのである。改善計画を策定して実行する、それを点検して必要とあれば修正を加えてまた実行するという取り組みを毎年実行している。その結果、女性の管理職は着実に増加し、世界のトップ水準にある（2015年の管理職の女性比率は39.5%）[37]。

〈日本〉

日本では、1997（平成9）年の均等法改正に際し、この"ポジティブ・アクション"にあたる規定を導入した。女性差別撤廃条約の成立から18年後、1985年に批准してから12年後である。しかもこの規定は、スウェーデンの

---

36) 1990年の女性管理職の割合は、パブリック・セクター全体では29%、うちランズティング（日本の県にあたる）だけだと40%に対し、プライベート・セクターでは9%であった（岡沢憲芙『おんなたちのスウェーデン 機会均等社会の横顔』NHKブックス、1994年、63～64ページ）。

37) 管理職の女性比率で世界最高はアメリカで43.4%と突出して高く、スウェーデン（39.5%）がそれに次いでいる。また、オーストラリア（36.2%）、ノルウェー（36.0%）、カナダ（35.5%）、イギリス（35.4%）も35～36%と高い。なおフランスは31.7%、オーストリア29.7%、ドイツは29.3%である（アメリカは2013年、カナダ、オーストラリアは2014年、その他は2015年の数値）。21世紀職業財団『女性労働の分析 2015』230～231ページ。

ように事業主に義務づけるものではなく、ましてや「クォータ制」でもない。企業が自主的に採用しようとするときに国が支援できるというものであり、あくまでも企業の自主性に任されている。国の行政指導を通じて取り組みを図るというものである以上、浸透は緩慢とならざるを得ない。現に、女性の管理職の割合もようやく1割程度であり、3〜4割台の欧米先進国に大きく遅れをとっている。

（2）雇用——第3部第11条

［雇用の男女平等の視角］

　女性差別撤廃条約で雇用の男女差別撤廃について規定しているのは、第3部第11条である。第1項は、雇用の機会や待遇などについての平等の権利が述べられ、第2項は、母性を理由とする差別の禁止、母性保護、両立支援サービスについて述べられている。この構成は、雇用の平等を、雇用の機会や処遇の平等のみに狭く限定するのではなく、母性差別の禁止や母性保護、両立支援サービスを含めて捉えていることを示している。

　雇用の平等にとって、雇用の機会や処遇の平等は、不可欠なものであるが、もし母性差別の禁止や母性保護、両立支援サービスという前提条件を欠くならば、雇用の機会や処遇の平等を実際に利用し享受することが難しくなる。それらが十分に保障されて初めて、女性労働者は雇用の機会や処遇の平等も真に実現可能となるのである。母性が女性特有の機能であり、社会の存続に不可欠の機能である以上、これは決して女性労働者の〝わがまま〟ではなく、正当な要求である。

　このように女性差別撤廃条約は、雇用の平等を、雇用の機会や処遇の平等だけの狭義に捉えるのではなく、母性差別の禁止や母性保護、両立支援サービスと合わせて、広義に捉えているということが肝心である。

① 第1項——雇用の機会や待遇などの平等の権利

　それでは第1項で規定されている雇用の機会や待遇の平等の権利について、

第2章　世界の男女平等をめざす動向と理論・政策　　113

みていこう。雇用における女性差別撤廃のための措置としてまず必要なのが、（a）労働権である。労働に対しては、つらい、苦しいなどのマイナスイメージがあるし、性別役割分業のもとで女性は労働に就く機会が制限されてきたので、労働を権利として捉えることには違和感があるかもしれない。

　しかしこれからの男女平等社会では、女性も男性とともに社会進出し、働くのが当たり前になってくる。また働くことによって収入を得て経済力をもつことは、自分の生活や人生を支える基礎を整えることとなる。経済力があって初めて、人は自分の生活や人生を自由に生きることができるのである。また適切な環境のもとでの労働は、人間の能力を発達させる。そのような意味で、「すべての人間の奪い得ない権利としての労働の権利」[38]は、女性にも、男性と同様に確保されなければならない。

　労働がすべての人間にとっての権利であるならば、それを現実に実現するための雇用機会も平等に保障されなければならないのはいうまでもない。女性だから募集・採用しないとか、採用基準を男女で差を設けるとかいった差別はなくさなければならない。つまり「（b）同一の雇用機会（雇用に関する同一の選考基準の適用を含む。）についての権利」[39]も、確保されなければならないのである。

　日本を含め先進国でも、長年の雇用慣行によって性別職務分離が存続し、女性が就きたくても就けない職業がたくさんある。しかし女性への偏見をなくし、雇用慣行を見直し、女性自身の変化も見極めて、職業選択の自由を、大胆に拡大していく必要がある。仕事に就いたのちの昇進や雇用の保障、給付などの差別もなくさなければならない。また雇用の質に影響する教育訓練の機会は、もっと重視される必要がある。つまり「（c）職業を自由に選択する権利、昇進、雇用の保障並びに労働に係るすべての給付及び条件についての権利並びに職業訓練及び再訓練（見習、上級職業訓練及び継続的訓練を含む。）を受ける権利」[40]が、確保されなければならない。

38）「対訳　女性差別撤廃条約」赤松監修　国際女性の地位協会編、前掲書、17ページ。
39）同上。
40）同上。

賃金については、従事する労働の種類（職種）が違っていても、同じ価値の労働であれば、同じ賃金が支払われるべきである。性別職務分離が存続するために、男女で従事する仕事が異なり、そのことが、女性の賃金を不当に低め、男女別賃金格差の原因になっている。そのような賃金格差を解消するために必要とされるのが、仕事の種類には関係なく適用される同一価値労働同一賃金の原則である。仕事の価値が適正に評価され、それが同じであれば、同じ賃金を支払うことによって、これまで低く支払われてきた女性の賃金の引き上げが可能となる。そのためには、前提となる仕事の価値の評価に際して、ジェンダーに中立になって、適正に評価することが必要である。「（d）同一価値の労働についての同一報酬（手当を含む。）及び同一待遇についての権利並びに労働の質の評価に関する取扱いの平等についての権利」[41]が、確保されなければならない。

社会保障や有給休暇については、正規社員と非正規社員で条件が異なり、非正規社員となることの多い女性労働者が不利益を被ることが多いが、これらについても同じ権利が保障されなければならない。「（e）社会保障（特に、退職、失業、傷病、障害、老齢その他の労働不能の場合における社会保障）についての権利及び有給休暇についての権利」[42]も、男女同一の権利が確保されなければならない。

健康で安全な作業条件については、「（f）作業条件に係る健康の保護及び安全（生殖機能の保護を含む。）についての権利」[43]も男女同一に確保されなければならない。

② 第2項──母性保護、母性を理由とする差別の禁止、両立支援サービス

次に第2項をみていこう。まず婚姻または母性を理由とする差別について

---

41)「対訳 女性差別撤廃条約」赤松監修 国際女性の地位協会編、前掲書、17 ページ。
42) 同上。
43) 同上。

は制裁を課して禁止することを求めている。「(a) 妊娠又は母性休暇を理由とする解雇及び婚姻をしているかいないかに基づく差別的解雇を制裁を課して禁止すること。」[44] とある。日本の女性雇用差別撤廃の歴史をみても、婚姻・妊娠・出産を理由とする差別の撤廃が出発点であり、この差別をなくすことによって初めて働き続けることが可能となった。女性の労働権を確保するためには、なくてはならない規定である。

　この規定に関係する日本の法律では、労基法と均等法がある。労基法は、(a) の規定する項目のうち、産前・産後休暇中並びにその後30日間の解雇の禁止を罰則（罰金や禁固刑）をつけて禁止している。それに対し、均等法は、(a) に規定されているすべての項目を差別禁止の対象としており、制裁措置は「過料」と会社名の公表となっている。「過料」は刑罰としての性質をもたず、金額も些少である。会社名の公表は社会的制裁の意味があるが、実行はごくわずかである。1990年代以降の長期不況下で、マタニティ・ハラスメントが横行したので、2006（平成18）年の均等法の再度の改正では、差別の禁止がよりきめ細かく定められた。

　母性保護として制定が求められているのが、「母性休暇」である。日本では「産前・産後休暇」がそれにあたる。女性差別撤廃条約では「(b) 給料又はこれに準ずる社会的給付を伴い、かつ、従前の雇用関係、先任及び社会保障上の利益の喪失を伴わない母性休暇を導入すること。」[45] と、母性休暇に求められる条件も規定されている。何らかの所得保障つきで、雇用関係が途切れることなく、先任権[46] や社会保障の利益が損なわれない、ということが備えられるべき条件である。

　日本では、労基法に産前・産後休暇の規定があり、所得保障は社会保障によってなされており（民間企業では従前賃金の6割、公務員は同8割）、「原

44）「対訳　女性差別撤廃条約」赤松監修　国際女性の地位協会編、前掲書、19ページ。

45）同上。

46）先任権とは、欧米では一般的な権利で、先に就職し勤続年数の長い労働者が職業訓練の機会を先に得るとか、一時解雇の際は解雇の順番を遅くするなど、労働者間の公平を保障するために労働組合によって承認された権利のことである。

職復帰」が原則となっている。

　仕事と家庭責任の両立を図るためには、保育所をはじめとするさまざまな施設・サービスが必要である。これについては、次のように規定している。「（c）親が家庭責任と職業上の責務及び社会的活動への参加とを両立させることを可能とするために必要な補助的な社会的サービスの提供を、特に保育施設網の設置及び充実を促進することにより奨励すること。」[47]

　男女がともに家庭責任を果たしながら働くことができるためには欠かせない措置である。この問題については、ILO が引き継ぎ、1981 年に「家族的責任を有する男女労働者の機会均等と平等待遇」という名称の条約と勧告を成立させている。

　日本は両条約を批准しているが、保育所の整備・拡充は遅れており、保育所への入所を希望しても入所できない待機児童が大勢いて[48]、いわゆる待機児童問題が長年の懸案事項となっている。待機児童のいる家庭では、主に母親が就業できず、雇用の機会や待遇の平等の権利を行使できない状況となっている。

　妊婦への特別保護については、「（d）妊娠中の女子に有害であることが証明されている種類の作業においては、当該女子に対して特別の保護を与えること。」[49] と規定されている。日本の場合、これについても、労基法に「軽易業務への転換」などの規定がある。

　以上が、第 3 部第 11 条の雇用に関する男女平等の権利や男女差別禁止に関する規定である。

---

47)「対訳　女性差別撤廃条約」赤松監修　国際女性の地位協会編、前掲書、19 ページ。

48) 2017 年現在、待機児童は 2 万人台を数えるが、潜在的待機児童も含めると 8 万人台にのぼっている。

49)「対訳　女性差別撤廃条約」赤松監修　国際女性の地位協会編、前掲書、19 ページ。

3. 「家族的責任を有する男女労働者の機会均等および平等待遇」 （ILO156 号条約、165 号勧告　1981 年）

（1）成立の経緯と目的

　女性差別撤廃条約において、仕事や社会的活動と家庭責任の両立を図るために、社会的な両立支援サービスの提供が必要であると指摘された。それは、雇用の男女平等に欠かせないものと捉えられている。ただし、女性差別撤廃条約は、女性差別の禁止を社会の全分野で包括的に求めるものであるため、この問題については、第3部第11条の第2項（c）でのみ触れられたにすぎない。

　この、「家族的責任を有する男女労働者の機会均等および平等待遇」条約・勧告（以下、「家族的責任条約・勧告」と略す）は、この仕事と家庭の両立という問題にのみ焦点をあてて、網羅的かつ体系的に検討したものである[50]。

　ところで、仕事と家庭責任の両立に関しては、1965（昭和 40）年に ILO で「家族的責任をもつ女子の雇用に関する勧告」（123 号勧告）が採択されている。その名称に示されている通り、当時は家族的責任は女性が負うものと考えられていた。当時の支配的規範であった性別役割分業を前提にした捉え方であった。

　それに対し、「家族的責任条約」は、女性差別撤廃条約と同じ男女平等観に立ち、家族的責任は男女および社会全体が共同で負うものと考えている。そのような新たな男女平等観の視点から、改めて仕事と家庭の両立問題を検討・分析した結果、必要とされる社会的条件整備について網羅的かつ体系的に提示したものが、この「家族的責任条約・勧告」である。

50）「家族的責任条約・勧告」については、大脇雅子・中島通子・中野麻美編『21 世紀の男女平等法 新版』ゆうひかく選書、1998 年、中島通子・山田省三・中下裕子『男女同一賃金』有斐閣選書、1994 年、参照。

まずこの条約・勧告がいうところの「家族的責任を有する労働者」であるが、それは次の2つを対象としている。1つは「被扶養者である子」[51]に対し責任を有する男女労働者である。つまり子どもの養育に責任を負う男女労働者が、ともに対象とされている。2つ目は「保護または援助が明らかに必要な他の近親の家族」[52]に対し責任を有する男女労働者である。病気や高齢などで要介護状態となり保護や援助を必要とする両親、配偶者、兄弟・姉妹など近親の家族のいる男女労働者が、ともに対象である。

　この条約の目的は、1つに、家族的責任を有する男女労働者間の平等の実現である。家族的責任は女性が負うものと考えられてきた性別役割分業（観）を解消し、男女がともに責任を負うことによって、労働者としての雇用機会や待遇の平等を、男女がともに実現できるようにしようとするものである。

　2つ目は、家族的責任を有する労働者とその他の労働者の間の平等の実現である。労働者のなかには、今家族的責任を負っている労働者もいれば、今は負っていないが将来は負うかもしれない労働者もいるし、将来もずっと負わない労働者もいる。そのようななかで、家族的責任を有している労働者が、それゆえに雇用の機会や待遇で不利益を被ることのないように、その他の労働者との間で平等を実現しようとするものである。その背景には、子育てや看護や介護が、人間社会の維持・存続にとって欠かせない労働であるという認識がある。

　そしてこの目的を達成するために、2種類の措置をとることが必要である。1つは、家族的責任を有する労働者の特別のニーズを満たす特別措置である。2つ目は、労働者の状況を全般的に改善するための一般的措置である。

（2）ILO165号勧告
——仕事と家庭の両立に必要な社会的条件整備

　ILO条約は勧告とセットで採択される。それは、条約が理念を示し、勧

51）大脇・中島・中野編、前掲書、202ページ。
52）同上。

告がその理念を実現するための指針を示すという役割分担となっているからである。「家族的責任条約・勧告」でもそうであり、ILO165 号勧告のなかに、家族的責任と仕事の両立を遂行するために必要な社会的条件が体系的に示されている。

日本では、仕事と家庭の両立は、いまだ働く女性にとっての難題であり、女性はいったん仕事を中断するか、個人的な孤軍奮闘で乗り切るべし、といった考え方・風潮が続いている。正社員を維持しようと思えば、男性並みに長時間効率よく働いたうえで、子育ても主として担うしかなく、それができないならば、潔く仕事を辞めるか、パートタイマーに転換するしかないと考えられている。両立支援策や子育て・母性保護に対する適正な理解が進んでいないように見受けられる。

日本は、この「家族的責任条約・勧告」を 1995（平成 7）年に批准している。したがって国は、ILO165 号勧告の実施に責任を負っているのである。その意味で、男女労働者が、この勧告の内容を知り理解することが、両立の社会的条件整備にとり、きわめて重要である。

ILO165 号勧告では、国家がきちんと方針を定めたうえで具体的に取るべき措置として次の 4 つを示している。それは「訓練および就業」、「労働条件」、「児童保育及び家事に係るサービス及び施設」、「社会保障」である。「訓練および就業」としては、職業訓練施設や有給教育休暇、就職のためのサービスなどが必要とされている。以下では「労働条件」を中心に説明していく。

① 労働条件について

ⅰ 1 日当たりの労働時間の短縮と柔軟な働き方

仕事と家庭の両立のための労働条件の改善のまず第 1 は、「1 日あたりの労働時間の漸進的短縮および時間外労働の短縮」[53] である。これは、労働者の状況を全般的に改善するための一般的措置にあたる。

53）大脇・中島・中野編、前掲書、203 ページ。

労働時間の短縮の単位としては、1日、1週間、1カ月、1年とさまざまに考えられるが、1日単位の労働時間の短縮を重要と考えている。それは、労働者の生活が1日を単位として繰り返されているからである。1日24時間のうち、労働に当てる時間を減らすことができれば、家事・育児に当てる時間を増やすことができ、それによって仕事と家庭の両立がより容易になる。世界的にも長時間労働の国として有名な日本は、仕事と家庭の両立のため、意識的に、1日当たりの労働時間の短縮に取り組む必要がある[54]。

また、EUでは、当日の終業時間から翌日の始業時間までの休息時間を11時間に設定している。それを厳守するため、仕事の終業時間が遅くなれば、始業時間も遅くなる。

労働者の生活の必要性に応じて働き方の柔軟性を高めることも、必要である。ILO165号勧告では、「作業計画、休息時間および休日に関する一層弾力的な措置」[55]とある。例えばフレックスタイム制や週4日勤務制など、通常の勤務時間帯や週休日とは異なるが、個々の労働者の家事・育児の必要性に応じて、働き方の一時的変更を認めている国もある。EUでは、こうした取り組みが進んでいる。

ii 交替労働・夜間労働や転勤における家族的責任への配慮

「交替制労働および夜間労働の割当てを行うに当たり、実行可能でありかつ適当な場合には、労働者の特別の必要（家族的責任から生じる必要を含む）を考慮するべきである」[56]。

交替労働というのは、例えば病院や福祉施設のように1日24時間の勤務体制が必要な場合、労働者の勤務時間帯を複数設定して、それを交替で担当

---

54) 安倍内閣は、2018年に「働き方改革関連法」を成立させ、残業時間の上限を労基法に設けた。しかし、それは「2～6カ月平均で80時間以内、単月で100時間以内」を可能とするものであり、既存の政府の目安（月45時間以内）を大きく上回っている。また同時に「高度プロフェッショナル制度」という労働時間規制対象外の働き方を新設した。労働組合や過労死した家族のいる人たちからは、これでは「過労死を促進する」との批判を招いている。批准した国際条約の趣旨に反しているし、EUの労働時間制度とはあまりにもかけ離れている。

55) 大脇・中島・中野編、前掲書、203ページ。

56) 同上。

第 2 章　世界の男女平等をめざす動向と理論・政策　　121

するというものである。病院では、朝から夕方までの通常の勤務帯のほかに、準夜勤（午後から夜 10 時ころまで）、深夜勤（夜 10 時ころから翌朝まで）などのように、複数の勤務時間帯を設けて、1 日 24 時間途切れることなく労働を提供するようにしている。

　この場合、子育て中の家族が、準夜勤や深夜勤務の担当となると、子どもが家庭にいる夜や朝に、家で一緒にいて子育てすることができなくなる。そこで、家族的責任のある労働者には、このような勤務の担当をはずすか、回数を制限するなどの配慮を求めているのである。

　同様に、転勤における家族的責任などへの配慮も求めている。「労働者を一の地方から他の地方へ移動させる場合には、家族的責任および配偶者の就業場所、子を教育する可能性等の事項を考慮すべきである」[57]。妻が就業していたり、共働きで子育てや介護をしていたり、子どもが受験を控えているなど、家族によっては、夫の転勤がこれまでの家庭生活に重大な影響を与える場合がある。このような各家庭の状況を掌握し、尊重して、家族的責任に支障が出ないように配慮を求めているのである。

　日本の大企業では、数年おきの転勤が一般的である。夫婦が協力して子育てしているとき、夫に遠隔地への転勤命令が出ると、妻は従来通り子育てしながら仕事を続けることが困難になる。そのため、妻が仕事を辞めて夫の転勤についていくか、あるいは 1 人で頑張って無理がたたって病気になるなど、妻の生活や子育てに大きな問題が生じることが多い。しかし日本では、家族的責任への配慮よりも会社の人事権を優先する傾向があり、ILO165 号勧告が軽視されている[58]。

ⅲ　パートタイマーの労働条件の改善

　既婚女性の多くが家族的責任を果たしながら就業するために選択する働き

57）大脇・中島・中野編、前掲書、203 ページ。

58）例えば、帝国臓器製薬単身赴任事件では、3 人の乳幼児を育てている共働き夫婦の夫に対する遠隔地転勤命令をめぐり、会社の人事権と「男の養育権、女の労働権」の主張が真っ向から対立した。第 1 審判決は、原告の請求を棄却し、転勤制度（就業規則）を優先した（中島通子『女が働くこと　生きること』労働教育センター、2002 年）。

方が、パートタイマーである。そのため女性労働の増加に伴い、パートタイマー数は激増している。

　しかしパートタイマーという働き方は、賃金や社会保障など雇用・労働条件で不利益を被ることが多い。そこで、ILO165号勧告は、パートタイマーの労働条件を改善する方法として、2点提起している。

　1つ目は、「パートタイマー、臨時労働者の労働条件のフルタイマー労働者との均等待遇、比例による計算も可」である。ILO165号勧告は次のように述べている。「パートタイム労働者及び臨時労働者の労働条件（社会保障の適用を含む）は、可能な限度において、それぞれフルタイム労働者及び常用労働者（permanent workers）の労働条件と同等（equivalent）であるべきである。適当な場合には、パートタイム労働者及び臨時労働者の権利は比例的に（on a pro rata basis）計算することができる。」[59]。これは、同じ労働に従事している場合は、フルタイマーと均等な待遇を実現せよというものであり、賃金などは、労働時間数に応じて計算し、1時間当たり賃金は同額を支払うことを要求するものである。

　日本はもちろんのこと、欧米でも、パートタイマーはフルタイマーに比し労働時間が短いというだけで賃金や社会保障などの雇用・労働条件が低められてきた。しかし、そのような格差・差別をやめ、同じ労働には同じ待遇を保障し、1時間当たりの賃金は同額にせよというものである。

　日本のパートタイマーの約3分の1は、フルタイマーと同じ仕事に従事している。それでも、昇進・転勤など長期的雇用管理の違いなどを理由に、賃金には大きな格差が設けられている。そうではなくて、今担当している仕事内容が同じであれば、1時間当たりの賃金は同じにしようというのが、均等待遇の要求である。収入は労働時間が違えば当然違ってくるが、1時間当たりの賃金については同じにして、労働時間の違いを理由にした格差・差別をなくそうというものである。

　社会保障・社会保険についても、パートタイマーはその加入対象から外されることも多い。雇用契約の違いを理由とすることもあるが、有期雇用で

59）大脇・中島・中野編、前掲書、107ページ。

あっても、実際は無期雇用であることも多い。パートタイマーを低賃金労働力として活用するためのさまざまな格差・差別を見直し、提供する労働に対し均等に処遇することを実現していけば、パートタイマーの労働条件が改善され、ひいては女性労働者の待遇が改善されるのである。

2つ目の改善策は、「パートタイマー、フルタイマー間の移動・復帰の自由」である。「パートタイム労働者は、欠員がある場合又はパートタイム雇用への配置を決定した状況がもはや存在しない場合には、フルタイム雇用につき、又は復帰する選択を与えられるべきである」[60]

労働者のライフ・ステージに応じた就業時間の自由な選択の権利を保障しようというものである。独身時代にフルタイマーとして勤務していた人が、育児に忙しい時期はパートタイマーに移動し、その後育児が一段落するとまたフルタイマーに復帰するなど、正社員としての地位を保持したまま、生活の必要性に合わせて自由に労働時間の選択を可能とするようにしようというものである。

日本でも、子どもが3歳未満の場合、1日の労働時間を6時間に短縮することのできる「短時間勤務制度」が義務化されたので[61]、労働時間の選択が一部可能となった。しかし、女性労働者の6割が第1子出産で退職し、その後の再就職は、非正規のパート・アルバイトというパターンが一般的である。正社員としての地位を保持しながら、安心して出産したうえ、自由に労働時間の選択ができるようになると、女性労働者の職業継続が容易になり、きわめて大きな労働条件の改善となるはずである。

iv 親休暇（育児休暇）制度

家族的責任条約・勧告の成立によって、これまで一般的であった母性休暇（産前・産後休暇）に加えて、育児休暇制度が世界的に普及していった。ILO165号勧告は、母性休暇に続けて、男女がともに取得できる育児休暇の

---

60) 大脇・中島・中野編、前掲書、107ページ。

61)「育児・介護休業法」の2009年6月の改正により、従業員数101人以上の企業は2010年6月30日から、100人以下の企業は2012年7月1日から施行されている。

制定を求めている。日本は、「家族的責任条約・勧告」の成立後10年目の1991年に、男女がともに取得できる育児休業制度を制定した。

∨ 看護休暇（子ども）、看護・介護休暇（被扶養の近親の家族）

ILO165号勧告では、子どもが病気になった場合に、親が看護することのできる休暇制度や、被扶養の近親の親族が病気や要介護状態になったときに利用できる看護・介護休暇制度の制定も求めている。子どもは小さいときにはよく病気にかかるので、仕事を休んで看病しなければならないことも多い。また高齢化社会の進展に伴い、親が要介護状態になる場合が増加しており、介護を理由に退職する人も増えている。このようなとき、仕事をしながら、看護や介護という家族的責任を果たせるためには、看護休暇や介護休暇が必要である。

日本は、1991（平成3）年に成立した「育児休業法」を、1995年に「育児・介護休業法」に改正・拡充した。こうして、「家族的責任条約・勧告」が成立してから14年後に、ようやく批准することができたのである。

② 児童保育および家事に関わるサービスおよび施設

仕事と家庭の両立に欠かせない公的社会サービスについては、「児童保育および家事に関わるサービスおよび施設」で、統計の収集とサービス・施設の整備拡充計画などが必要とされている。家族的責任を有する労働者、その子どもや被扶養の親族について統計を収集し公表すること、必要なサービスおよび施設の優先度を確認すること、また児童保育および家事に関わるサービスおよび施設の発展計画をたてるとともに、その利用に関しては、無料または支払能力に応じた妥当な料金とすることが、指摘されている。

③ 社会保障

社会保障については、育児休暇および看護・介護休暇制度を利用して休暇中の労働者は、社会保障制度による所得保障を受けることができること、家

第2章　世界の男女平等をめざす動向と理論・政策　　125

族的責任を有する労働者は、社会保障給付や税の軽減などの措置を利用できるようにすべきである、と指摘されている。また、失業給付の喪失または停止に関連して、提供された雇用が適当かどうかを決定するにあたり、家族的責任は考慮すべき要素のひとつであるべきとされている。

　以上がILO165号勧告で要請されている仕事と家族的責任の両立のために行うべき社会的条件整備の主要なものである。

（3）ILO「パートタイム労働に関する175号条約」 （同182号勧告、1994年）

　家族的責任勧告（ILO165号勧告）は、家族的責任のゆえに多くの既婚女性が不利益を甘受しつつ就業してきたパートタイマーの労働条件の改善策として、フルタイマーとの均等待遇を提起した。この原則を実際に適用していくために、より厳密に適用条件を規定したのが、ILO「パートタイム労働に関する175号条約」である。

　同条約は、パートタイマーにとって均等待遇を請求できるフルタイマーの対象を、「比較可能なフルタイマー」（comparable full time worker）と呼び、その条件として次の3つをあげている。

　まず、「同一の型の雇用関係」[62]にあることである。それは、「一般的に主として雇用の期間を同じくするもの同士の比較」[63]、すなわち雇用契約が同じということである。期間の定めのない雇用契約か、期間に定めのある有期雇用契約かが問われる。ただし、有期雇用契約が反復更新して継続している場合は、期間の定めのない雇用契約と同じと理解される[64]。

　2つ目は、同一または類似の型の労働または職業に従事していることである。完全に同じ労働でなくても、主要な部分が同じか類似した労働と認められればよい。

62）大脇・中島・中野編、前掲書、109ページ。

63）同上。

64）同上。

3つ目に、同一の事業所で働いていることである。ただし、もしそこにいなければ同一企業、さらには同一産業へと対象を拡大することができる。

　以上の3つの条件を満たしたフルタイマーが、パートタイマーにとって比較可能なフルタイマーとなり、均等待遇を要求できる対象となる。

　均等待遇の適用される雇用・労働条件の範囲は、次のように広範である。まず労働基本権である。団結権、団体交渉権、団体行動権が認められる。労働者として、労働組合をみずから結成したりあるいは労働組合に参加する権利や、労働組合として労働条件の交渉をする権利、そして必要とあればストライキなどの団体行動をとる権利も認められる。一般に弱い立場の労働者は行使しづらいが、労働者としての基本的権利が同様に保障される。

　次に、提供する労働に対して等しい報酬が支払われる。「基本的賃金（basic wage）は、労働時間、業種、出来高ベースで比例的に計算され（calculated proportionately）、パートタイム労働という理由のみで切り下げられることはない。」[65] なおここでいう基本賃金とは、職種ごとの基本的賃金率のことであり、「勤続年数に比例するボーナス、業績によって支給する賃金、あるいは交替労働にともなう特別手当は含まれない。」[66]

　また、年金や医療保険などの社会保障制度へ加入する権利も、フルタイム労働者と同等に保障される。なお同等とは、「同一と比例の両方を含み、比例以下ではないと説明されている」[67]。

　最後に、母性保護や有給休暇についても、同等に保障され、「金銭的権利は労働時間または賃金に比例して同等に保障される」[68]。

　このように、ILO「パートタイム労働に関する175号条約」は、パートタイマーとフルタイマーの均等待遇の理念にとどまらず、具体的実現をめざす条約といえよう。

　ところで、日本は、まだこのILO「パートタイム労働に関する175号条約」を批准していない。日本は、1993（平成5）年にパートタイム労働法

65）　大脇・中島・中野編、前掲書、110ページ。
66）　同上、133ページ。
67）　同上、110ページ。
68）　同上。

（「短時間労働者の雇用管理の改善等に関する法律」）を制定し、2007年に改正した。改正の際、国際基準である「均等待遇」を採用せず、「均衡処遇」原則を採用した。均衡処遇とは、あくまでもパートタイマーとフルタイマーとのバランスを重視するものであり、格差の存在を前提とし、格差を解消しようとするものではない。従来のフルタイマーの働き方を基準にして、パートタイマーの働き方を評価しようとした。

　その後2014年に再度改正を行い、一定の改善を行った。改善点は、パートタイマーとフルタイマーの労働条件に不合理な格差を認めないこと、パートタイマーとフルタイマーとの均等の比較において、雇用契約を比較基準から外したこと、また有期雇用契約のパートタイマーであることを理由に無期雇用契約のフルタイマーとの差別を禁止したこと、などである。

　このような改善がみられるものの、パートタイマーとフルタイマーとの均等待遇の比較基準に、相変わらず昇進や転勤などの「人材活用の仕組みや運用等」を用いており、長期的キャリアの同一性を求めている。その結果、現時点で同等労働を担っていても、均等待遇は実現できず、問題である。

（4）スウェーデンの育児休暇制度
——世界最高水準の育児休暇制度

　家族的責任条約・勧告で、仕事と家族的責任の両立をはかるために必要不可欠とされた制度のひとつが育児休暇制度である。仕事を継続しながら出産を保障する制度である「母性休暇」、日本の産前・産後休暇と比べると、その歴史は浅く、家族的責任条約・勧告の成立によって、世界的に普及してきた。その育児休暇制度の先駆けとなったのが、スウェーデンである[69]。

　スウェーデンは、1974（昭和49）年に、世界初の男女がともに取得できる育児休暇制度を創設した。スウェーデンは世界有数の男女平等先進国であ

69）スウェーデンの育児休暇制度については、大脇・中島・中野編、前掲書、竹﨑孜『スウェーデンはなぜ少子国家にならなかったのか』あけび書房、2002年、藤井威『スウェーデン・スペシャル［Ⅲ］福祉国家における地方自治』新評論、2003年などを参照。

り、育児休暇制度の内容も充実している。また男性の取得促進をめざして、積極的に改善を行ってきた。

　まず育児休暇期間に、現在480日となっている。2002（平成14）年1月以降それまでの450日から延長された。育児休暇期間中の所得保障は、従前賃金の80％である。当初は90％であったが、財政事情もあって削減されたが、それでも高い水準にある。この80％保障は、休暇期間の当初390日であって、残り90日は一定額に定められている。

　育児休暇のタイプは2つあって、全日型休暇と労働時間短縮型休暇である。全日型休暇は、文字通り、完全に仕事を休み育児に専念するものである。これは子どもが1歳半になるまでに利用できる。

　それに対し、労働時間短縮型休暇は、1日8時間勤務のうちの一部、2時間とか4時間を育児休暇として利用するものである。つまりフルタイム勤務をパート勤務に変えて、短縮分を育児休暇として利用するのである。このタイプは、1979年に導入された。男女平等先進国といっても、スウェーデンでも男性の育児休暇取得は当初難航し、男性が取りやすい休暇が考案されたのである。このタイプは、子どもが8歳または小学校1年終了までに利用できる[70]。

　男性の育児休暇取得促進策として導入されたもう一つの制度に「パパの月」「ママの月」という制度がある。これは育児休暇期間のうち30日を、それぞれパパ専用、ママ専用とし、もし利用しないならば国が没収するというものである。最初に考案したのは、お隣のノルウェーであるが、翌1994年からスウェーデンでも導入された。このように男性の育児休暇取得に、いろいろと工夫を凝らし、半ば強制的に男女協働の育児を推進している。その結果、男性の育児休暇取得率は上昇し、2000年には人数比で37.7％（日数比では12.4％）[71]となっている。

　この「パパの月」「ママの月」の期間は、2002年から60日に延長された。

70）ただし、2014年1月1日以降に生まれた子どもの場合は、4歳になるまでに5分の4（384日）を取らなければならず、その他の日については12歳になるまでに取ればよいことになった（岡沢憲芙『男女機会均等社会への挑戦［新版］おんなたちのスウェーデン』彩流社、2014年、10ページ）。

71）藤井、前掲書、141ページ。

男性の育児休暇がかなり普及したことをふまえ、さらなる改善として、男性の取得日数を伸ばすことを目標としている。このように、男性の育児休暇取得の向上に向け、たゆまず政策的改革を進め、成果を上げている。

　なおスウェーデンでは、出産時に、男性が10日間の父親休暇を取得することができる。これは男性（父親）が、妊娠・出産を夫婦一緒に協力して行うためであるとともに、すでに子どもがいる場合には、その子の世話をするためでもある。

　このように、スウェーデンの育児休暇制度は、長い休暇期間、高い所得保障、多様で柔軟なタイプ、男性の取得促進策と、内容が充実している。

　それに加え、子どもが小さいときによく病気をすることへの対策も万全である。子どもの看護休暇制度は、生後240日から12歳になるまでの子どもを対象に、1人に付き年120日となっている。日本の年5日と比べ、雲泥の差がある。また看護休暇中の所得保障も、育児休暇と同様、従前賃金の80％である。父親の育児参加は、育児休暇よりも、この看護休暇で進んだといわれている。取得可能な休暇日数および所得保障水準、ともに充実している。

　なおそのほかにも子育て支援として、児童手当、住宅手当、保育所サービスも充実している。児童手当は、子育て費用の保障であるが、1人に付き日本円で2万円弱の水準である。子どもの数が増えると、それに伴い増額される。住宅手当とは、どの子どもにも快適な住居を保障するために、子ども数が増えると、それに応じて広い住宅に移れるように、住宅費を保障する手当である。保育所サービスも、すべての希望する子どもが利用できるように、1991年までに計画的に整備を進めた。保育所は、働く親の育児をサポートする施設であるが、現在は教育的機能を重視しており、名称も「就学前学校」と呼ばれている。

　このように、スウェーデンの育児休暇制度は、まさに世界最高水準にある。この制度に支えられて、スウェーデンの出生率は高く、女性はむしろ働いているほうが出産しやすいともいわれている。日本は、少子高齢化と人口減少で労働力不足が懸念されているし、男女平等社会実現のためにワーク・ライフ・バランスの実現も希求されている。長期的視点に立って、合理的な政策

遂行が望まれるといえよう。

4. 欧州連合（EU）における非正規労働者の均等待遇

　ヨーロッパは、現在、世界でもっとも男女平等度の高い地域であるが、その実現に大きな推進力となってきたのが、EEC（ヨーロッパ経済共同体）やその後継であるEU（ヨーロッパ連合）である。それは理事会指令を活用して、加盟国で共通の社会政策を遅滞なく実施することに成功してきた。

　EECの男女平等政策として最初に発令されたのが、1975（昭和50）年の「男女同一賃金原則に関する指令」であった。EEC発足時に採択されたEEC条約（通称ローマ条約）の119条にこの男女同一賃金原則の規定があり、その実現をめざすために、理事会指令が発令されたのである。理事会指令は発令後数年以内に加盟国が必要な法的措置を取ることを義務づけているため、遅滞なく実現していくうえで有効な手段となっている。

　EECは、その後「雇用職業における均等待遇原則指令」（1976年）、「社会保障における男女均等待遇指令」（1979年）と、続けて理事会指令を発令している。このように、EECは、1970年代から、精力的に男女平等政策に取り組んできた。

　ところが1970年代以降、産業構造の変化、いわゆる経済のサービス化の進展により、パートタイム雇用が増加し、女性は家族的責任との両立もあり、パート雇用に多く就業するようになっていく。しかしパートタイム労働は、フルタイム労働と比べ、賃金や雇用の安定において劣悪である。労働条件の悪いパート労働に女性が集中する結果、男女同一賃金指令が発令されても、男女別賃金格差の縮小は期待通りには進まなくなった。

　そのような状況を打開する方法が、間接差別法理や、パートタイム労働そのものの改善であった。間接差別法理とは、女性がほとんどを占めるパートタイム労働の労働条件が、男性が中心のフルタイム労働の労働条件と比較して劣悪であるのは、労働そのものに原因がない限り、女性に対する間接差別であるというものである。

また、女性が就業することの多いパートタイム労働が、労働時間の短さだけを理由に差別されるのを解消するために、パートタイム労働のフルタイム労働との均等待遇を要求する政策が提起されていった。

　このようなヨーロッパの男女平等要求の運動や政策展開が、1981年のILOの「家族的責任条約・勧告」や1994（平成6）年の「パートタイム労働に関する条約」の成立に影響を与えたものと思われる。

　さらに時代が進み、1980年代からは、新自由主義的経済政策が展開され始め、1990年代に加速してくると、ヨーロッパでも、派遣労働者や有期雇用契約の労働者が増加するようになる。女性、若者、高齢者がその主な対象となり、雇用格差の解消のため、派遣労働者や有期雇用契約労働者の保護が必要になってきた。

　このような時代状況に対応するために、EECから発展的に改組したEU（ヨーロッパ連合）は、1990年代以降、「パートタイム労働に関する指令」（1997年）、「有期労働の枠組み協定に関する指令」（1999年）、「派遣労働指令」（2008年）を発令した。これらの指令は、非正規労働者の均等待遇の実現を目的としたものであるが、非正規労働者として働く者のなかに女性が多くいることをふまえると、雇用の男女平等政策の一環でもある。男女同一賃金の実現のためには、非正規労働者の均等待遇も不可欠であり、その必要性がますます高まっている。

　そこで以下では、EUが1990年代以降に発令した前記3つの指令について、紹介する。

① EC「パートタイム労働に関する指令」（1997年）

　これは、欧州産業経営者連盟、欧州公共企業体センター、欧州労連が締結したパートタイム労働の枠組み協定に関する指令である。指令の目的は、この枠組み協定を実施することであり、加盟国は、2000（平成12）年1月20日までに、指令の遵守に必要な法律、規則および行政規定を施行しなければ

ならない[72]。

この枠組み協定の目的は、パートタイム労働者に対する差別を除去し、パートタイム労働の質を改善するとともに、自発的基礎に基づくパートタイム労働の発展を促進し、使用者および労働者のニーズに留意する方法で労働時間の弾力的編成に寄与すること、とされている。

フルタイム労働と比べ差別のない良質のパートタイム労働であれば、自発的就労の発展や労働時間の弾力的編成にも寄与しうるものとして、積極的に位置づけられているのが、特色である。

そのために、「比較可能なフルタイム労働者」との均等待遇、すなわち「非差別原則」が、謳われている。

「比較可能なフルタイム労働者」の定義は、ILO の定義と比べ、従事する同一または同種の労働についてやや限定的で、一定の要件を付加していることが特徴である。比較可能なフルタイム労働者とは、次の３つの条件を満たす労働者のことである。１つは、同一職場内で仕事に従事していること、２つ目は、同一形式の雇用契約または雇用関係を有すること、３つ目は、「先任権および資格／技能などを含むその他の条件を十分に考慮した上で、同一または同種の労働／職業（the same or a similar work/occupation）に従事するフルタイム労働者」[73] とされている。

１つ目の条件については、次のような但し書きがついている。「同一事業所内に比較可能なフルタイム労働者がいない場合には、適用できる労働協約、または適用できる労働協約がない場合には、国内法、労働協約または慣行に従って比較しなければならない。」[74]

３つ目の条件の従事する労働者の職種や職業の同一性については、先任権および資格／技能などの条件が十分に考慮されなければならないとされている。フルタイム労働者同士でも、同一または同種の労働に従事していても、先任権および資格／技能などの条件の違いが、賃金や雇用の終了、社会保障

72）柴山恵美子・中曽根佐織編訳『EU 男女均等法・判例集』日本評論社、2004 年。180 ページ。

73）同上、184 ページ。

74）同上。

など労働条件の差に反映されているから、それは当然ではある。

とはいえ、先任権および資格／技能が、過大に評価されて、格差・差別を合理化するようになっては、均等待遇の理念に反するので、あくまでも提供する労働の質を適正に反映したものでなければならないであろう。

以上をふまえたうえで、パートタイム労働者の比較可能なフルタイム労働者との均等待遇、非差別原則について、次のように規定している。

「パートタイム労働者は、雇用条件に関して、異なる待遇が客観的理由によって正当化される場合を除き、パートタイム労働であることを唯一の理由として、比較可能なフルタイム労働者より不利に扱われてはならない。

適当な場合には、時間比例原則（pro rata temporis）を適用しなければならない。」[75]

なお、ILO 条約でも規定された、フルタイムからパートタイムへの移行、またはその逆の移行のほか、「技能職および管理職を含めて、企業のあらゆるレベルでパートタイム労働へのアクセスを容易にする措置、ならびに適切な場合には職歴を向上させる機会および職業移動を増大させるために、パートタイム労働者の職業訓練へのアクセスを容易にする措置」[76] に、使用者は考慮を払わなければならないと、規定されている。

② EC「有期労働の枠組み協定に関する指令」（1999 年）

この指令は、欧州産業経営者連盟、欧州公共企業体センター、欧州労連が締結した有期労働の枠組み協定を実施することを目的として発令されたものである。加盟国は、2001（平成 13）年 7 月 10 日までに、この指令の遵守に必要な法律、規則および行政規定を施行しなければならない[77]。

「有期労働に関する枠組み協定」は、前文で、雇用関係の一般的形態は期限の定めのない契約であると、次のように述べている。「この協定の当事者は、期限の定めのない契約が労使間の雇用関係の一般的形態であり、かつ将

75）柴山・中曽根編訳、前掲書、184 ページ。
76）同上、185 ページ。
77）同上、191 ～ 192 ページ。

来もそうであり続けると認識している。」[78]

　したがって、有期労働契約はあくまでも例外的であり、「……特殊な全国的、部門的および季節的状況の現実を考慮に入れ」て適用されるものである。そのような「一定の状況においては、有期労働契約が労使双方の要求に対応していると認識している。」[79]

　ところで、この協定の目的は2つである。1つは、非差別原則の適用による有期労働の質の改善であり、2つ目は、継続的有期雇用契約または雇用関係の利用から生じる悪用の防止である。つまり、有期雇用契約または雇用関係は、例外的・一時的なものであり、雇用の質も差別的であってはならないということである。

　ここでいう「有期労働者」とは、次のように定義されている。「雇用契約または雇用関係の終了が特定の年月日への到達、特定の任務の完成または特定の事件の発生のような客観的条件によって決定される場合、使用者と労働者の間で直接締結される雇用契約または雇用関係を有する者をいう。」[80]

　この協定の目的の1つである非差別原則の適用による有期労働の質の改善については、有期労働者の「比較可能な常用労働者」との均等待遇により実現をめざしている。ここでいう「比較可能な常用労働者」とは、次の3つの条件を満たす者のことである。

　1つは、期限の定めのない雇用契約または雇用関係を有していること、2つ目は、同一事業所において従事していること、ただし同一事業所内に比較可能な常用労働者がいない場合には、適用できる労働協約、または適用できる労働協約が存在しない場合には、国内法、労働協約または慣行に従って比較しなければならない。3つ目は、資格または技能を十分に考慮したうえで、同一または同種の労働／職業に従事していることである。

　有期労働者は、このように定義される「比較可能な常用労働者」と、雇用条件に関して差別されてはならない。「有期労働者は、雇用条件に関して、異なる待遇が客観的理由によって正当化される場合を除き、有期契約または

78）柴山・中曽根編訳、前掲書、193 ページ。
79）同上。
80）同上、195 ～ 196 ページ。

有期関係を唯一の理由として、比較可能な常用労働者より不利に扱われては
ならない。

　適当な場合には、時間比例（pro rata temporis）原則を適用しなければな
らない。」[81] と、協定は述べている。

　このように、有期労働者の提供する労働／職業が、比較可能な常用労働者
と、「資格または技能」を考慮したうえで同一または同種の労働／職業であ
るならば、雇用契約や雇用関係を理由に雇用条件を差別してはならない、と
いうことである。

　また、この協定のもう１つの目的である有期雇用契約または雇用関係の継
続的利用による濫用防止については、次の１つまたはそれ以上の措置を取る
ことが要請されている。ア．有期雇用契約または雇用関係の更新を正当化す
る客観的理由、イ．連続的有期雇用契約又は雇用関係の最大総期間、ウ．有
期雇用契約または雇用関係の更新回数、である。

　つまり、有期雇用契約または雇用関係を更新する正当な理由がないか、ま
たは、長期にわたる場合は、このような雇用契約または雇用関係を締結・維
持することはできないということである。

　ちなみに、フランスやドイツでは、仮に有期労働契約で労働者を働かせる
ことになったとしても、１年半継続して雇用されれば、期限の定めのない雇
用契約または雇用関係に移行することとになっている。日本では、２～３
カ月の雇用契約で、何年も、なかには何十年も働かされる労働者がいるが、
EU ではありえないことである。

③ EU「派遣労働指令」（2008 年）

　「派遣労働指令」は、欧州議会で 2008（平成 20）年 10 月 22 日に可決され
た。非正規労働者の均等待遇を実現するために、「パートタイム労働に関す
る指令」、「有期労働の枠組み協定に関する指令」に続いて協議されてきたが、
2002 年に原案が提出されて以降、イギリスの反対で難航していた。しかし

81）柴山・中曽根編訳、前掲書、196 ページ。

ようやく成立したので、加盟国は、2011 年までに国内法制を整備し、実施しなければならない。

派遣労働指令は、派遣労働者と派遣先企業の正規労働者との間の均等待遇を定めたものである。均等処遇の範囲は、「労働時間、時間外労働、休憩・休息、夜間労働、休暇・祝日、給与（pay）」であり、それに加えて、「出産・育児休暇の取得、正規従業員の求人に関する情報、社内食堂などの共用施設の利用、教育訓練の機会などについても、正規従業員と同等の権利を保証している。」ただし「均等処遇を必要とする給与の範囲については各国の法制・労使協定に委ねられる。」[82]としている。

なお指令は、派遣労働者に就業初日から均等処遇の権利を付与するとされている。

---

82) 独立行政法人労働政策研究・研修機構「派遣労働指令が成立、労働時間指令改正案は協議が難航」http://www.jil.go.jp/foreign/jihou/2008_11/eu_01.html

第 3 章

日本の雇用平等法

第 2 章では、1975（昭和 50）年以降の世界の男女平等について、動向と理念や政策および具体的措置についてみてきた。本章では、それに呼応しながら整備されてきた日本の雇用の男女平等の取り組みについてみていきたい。男女雇用機会均等法、育児・介護休業法、パートタイム労働法、労働契約法を順次取り上げていくこととする。

1. 男女雇用機会均等法

（1）男女雇用機会均等法の成立と改正
（1985 年成立、1997 年改正、2006 年再度改正）

① 男女雇用機会均等法の成立の経緯

男女雇用機会均等法（以下、均等法と略す）は、1985（昭和 60）年に成立し、翌 86 年に施行された。均等法成立の要因としては、国際的要因と国内的要因がある。国際的要因とは、1979 年に国連で女性差別撤廃条約が成立し、日本が 1985 年までにそれを批准することになったことである。1980年の第 2 回世界女性会議で女性差別撤廃条約の署名式が行われ、日本は当初消極的であったが、最終的には署名をした。その結果、「国連婦人の 10 年」の最終年までに、雇用の男女平等を保障する法律を制定せざるを得なくなったのである。この国際公約が、均等法を 1985 年に成立させたもっとも大きな要因である。

それ以外にも、1970 年代後半から 1980 年代にかけて、主要先進国でも雇用平等法の制定が相次いでいる。1975 年イギリスの性差別禁止法、1980 年スウェーデンの雇用平等法、1982 年フランスの雇用平等法、という具合である。こうした諸外国の雇用平等法の制定は、日本にも同様の法律の制定を後押しする追い風になった。

均等法成立の国内的要因としては、第 1 章で述べた雇用の男女平等を求める女性労働者の運動、とくに継続して進められた裁判闘争がある。裁判にお

いて、労働法の不備にも関わらず、憲法14条と民法90条の活用により、女性労働者差別に次々と違法・無効の判決が下された。こうした判例の蓄積が、日本の雇用平等の水準を、一歩ずつ引き上げていったのである。

均等法が成立するまでは、女性雇用差別を明文でもって禁止するのは、労働基準法（以下、労基法と略す）4条のみであった。労基法3条も、女性を差別禁止の理由とは明示していないが、労働条件の均等待遇を定めている。この2つの条文しか、雇用の男女差別を禁止する法律はなく、労働法の不備は明瞭であった。したがって、包括的で有効に雇用の男女差別を禁止する法律の制定が求められたのである。

このように、長年の女性労働者の雇用平等を求める運動を基礎に、世界的な男女差別撤廃運動の高揚が重なり、均等法は誕生したといえよう。

② 均等法改正の経緯

均等法は、成立して10年余り後の1997（平成9）年に最初の改正が行われ、さらに約10年後の2006年に2回目の改正が行われた。改正の背景には、関係する女性労働者・労働組合側、経営者側、政府側それぞれの要望やスタンスがある。

まず女性労働者・労働組合側としては、男女差別に的確に対応できる実効性のある雇用平等法の制定を望む声が強かった。1985（昭和60）年の制定時に要求したのは雇用平等法であり、均等法ではなかった。しかし、当時のさまざまな政治力学の結果、まずは「勤労婦人福祉法」の改正から出発せざるを得なかった。また雇用差別の禁止に重大な影響をおよぼす募集・採用や職務配置・昇進が「努力義務規定」にとどまった。そのような脆弱な法律をみて、大いなる落胆とともに、"ザル法"という批判を投げかける人もいた。

こうして始まった均等法ではあったが、施行当初は、折からのバブル経済の追い風もあり、女性雇用が進展した。しかしバブルの崩壊とともに女子学生の就職難が顕著となった。均等法の問題点が明らかになり、改正の要望が高まった。さらに1990年代後半から2000年代にかけての金融危機・経済危

機下においては、母性差別（マタニティ・ハラスメント）をはじめ女性労働者差別が頻発し、それを禁止するために再度の改正を要求した。

それに対し、経営者側は、当初よりいっかんして「保護抜き平等論」に立っている。女性労働者が雇用の平等を要求するのであれば、男性労働者と同じ労働基準で働くべきで、母性保護は極力削減すべしという見解である。一見もっともらしくみえるが、女性労働者の抱える「母性」の尊重や母性保護に対する世界的認識を欠いた謬論である。

すでに第2章の女性差別撤廃条約で述べたように、母性は人間社会存続のために機能する社会的重要性をもっている。日本の経営者は、それを故意に無視しており、女性労働者を単なる労働力としてしかみていない。女性差別撤廃条約のいう母性差別の禁止や母性保護をふまえたうえでの雇用の男女平等が求められるのである。

ヨーロッパの男女平等先進国では、母性の社会的機能の尊重と健康・安全の男女共通の保護という観点に立って、労働基準そのものを引き上げながら、男女共通の労働基準を設定している。その結果、女性労働者が社会で活躍する環境が整備されてきた。しかし日本の経営者は、内実を伴わない、みせかけの「男女共通の労働基準」を創ることによって、雇用の男女平等の改善を極力抑制し、妨げようとしている。

最後に、日本政府についていえば、国際関係への対応上、改善に若干は対応せざるを得ないというところである。政府は、日本の雇用平等の進捗状況を、4年に1回のペースで女性差別撤廃委員会に報告しなければならない。そこで世界中の専門家から、現状と問題点をふまえて改善が勧告される。そのため改善のための努力を何もしないというわけにはいかないのである。同様の国際的圧力は、ILO条約勧告適用専門家委員会からもかけられる。政府が積極的に対応してきたとはいえないが、日本の国際的立場からして、何もしないわけにはいかないのである。

以上のような関係者の対応によって、均等法は、これまで2度の改正をみてきたのである。

③ 均等法 30 年の現状

　均等法が制定されてから 2015（平成 27）年で 30 年となる。この間の女性労働は大いなる変貌を遂げたが、雇用の男女平等の進展という視点でみると、緩やかで多少の改善といわざるを得ない。

　確実に改善した点としては、まず、女性の職場進出の定着、とくに既婚女性の職場進出と定着があげられる。かつて女性の就業は、「結婚までの腰かけ」といわれたように、学校を卒業してから結婚までの数年間だけ働くという「短期・未婚型就労」が支配的であった。しかしいまや、結婚・出産しても辞めず継続して働く人も増加したし、再就職してから長く働く人も増加した。その結果、女性の平均勤続年数は大幅に伸び、かつての 3 〜 4 年から 10 年にあと一歩というところまで迫っている。

　すべての年齢階級で女性の職場進出が進んだ結果、女性雇用のM字型は、ボトムの大幅な上昇を伴いながら、全体的に水準が上昇する変化がみられた。

　また女性の職域も確実に拡大した。かつての補助的業務とお茶くみなどの雑用に厳しく限定された時代から、基幹的事務職や専門職も増加したし、研究職や営業など広範な職種へと広がってきた。女性管理職も係長クラスを中心に増加した（1985 年の 3.9%→ 2015 年 17.0%。「係長級以上」は 2.5%→ 11.9%）。

　このような変化を反映し、一般労働者（常用労働者でパートタイムを除く）の男女別賃金格差は、着実に改善されてきた（1985 年 59.6 → 2015 年 72.2。男性を 100 とした女性の水準。ただし所定内給与）。

　均等法の制定から 30 年の間に、このようにさまざまな変化や改善がみられる一方で、相変わらず大きな問題が残されている。それは、女性雇用のM字型が、変化しつつも、今なお解消できていないことである。先進国ではすでに逆U字型に移行しているし、日本より遅れていたオランダなどにも先を越されている。確かにボトムの水準上昇は大きいものの、未だにM字型が解消されていないことに、日本の均等法の脆弱性がみてとれる。

　また性別職務分離も強固である。例えば、垂直的職務分離を端的に示す女性管理職比率の低さは、先進国のなかで際立っている。係長クラスでもよ

うやく2割弱になったにすぎず、それ以上の課長・部長クラスは1割未満（2015年　課長9.8％、部長6.2％）、役員では1％と、際立って少ない。

それに加え女性労働者には、非正規労働者が激増している。1960～80年代にもパートタイマーを中心に非正規労働者が増加していたが、1990年代半ばからは激増し、2003年にはついに逆転した。かつては、働くといえば正社員として働くのが当たり前であったが、いまや非正規労働者が正規労働者を上回り、ますます増加している。

フリーターといえば、男性若年労働者の問題として社会問題化したが、実はそれ以上に大量の女性非正規労働者がいて、低賃金などの低労働条件に苦しめられているのである。

その結果男女別賃金格差も相変わらず深刻である。一般労働者についても、格差が縮小しているとはいえ、世界の先進国の水準（80以上）と比べれば低いうえに、実は比較対象の男性労働者自身の賃金が低下・停滞しているのである[1]。

そして、問題の非正規労働者の賃金は、正社員と比べ大幅に下回っている。もっとも多い女性パートタイマーの場合、1時間当たり賃金で女性正社員の65％、男性正社員と比べると約50％である。しかも年収でみると、格差はさらに拡大し、女性正社員の28％、男性正社員の20％（以上の数値は2015年）という低水準である。

この低賃金の女性パートタイマーが、数のうえで女性正社員を上回っているのである[2]。その結果、非正規労働者と正規労働者を合わせた労働者全体の男女別賃金格差は、1970年代末からむしろ拡大してきたが、2015年も50強[3]と、女性の賃金は男性の賃金の約半分という状況を抜け出ていないので

---

1) 男性一般労働者の所定内給与は、1997年の33.7万円が2015年には33.5万円と微減である。一方、女性一般労働者のそれは、21.3万円が24.2万円へ増加している。

2) パート・アルバイトは、2014～15年には正規職員・従業員を上回った（実数で10～22万人、率にして0.4～0.9％）。ただし2016年にはまた下回った（実数で4万人、率にして0.2％）。

3) 男性労働者は、正社員が78.2％、パート・アルバイトが10.7％、その他の非正規労働者が11.1％で構成され、女性労働者は、正社員が43.7％、パート・アルバイトが44.1％、その他の非正規労働者が12.2％で構成されている。男性正

ある。

　このようにみてくると、均等法が制定されて30年もたち、女性労働は変貌を遂げたにも関わらず、雇用の男女平等の歩みはあまりにもゆっくりしているといわざるをえない。

　しかし、そのなかで確実にみられる女性の意識の大きな変化は、雇用の男女差別は決して許されないという認識が一般化したことや、就業スタイルとして職業継続型を希望する女性が最多になり、ようやく過半数に達したことである。このような意識が男性も含めて、日本の社会意識としてしっかり成長し定着すれば、さらに大きな前進が望めるであろう。

　そのためには、第2章でみた世界の雇用平等の動向とともに、均等法の内容を男女労働者、とくに女性労働者が熟知し、現場で活用できるだけの法的能力を獲得すること（エンパワーメント）が必要である。とくに、ポジティブ・アクションや同一価値労働同一賃金の積極的活用が望まれる。

（2）均等法と女性雇用管理

① 名称・目的・基本的理念

　均等法の正式名称は、「雇用の分野における男女の均等な機会及び待遇の確保等に関する法律」である。1997（平成9）年の最初の改正で、この名称に変更した。実は1985（昭和60）年に成立したときの正式名称はさらに長く、「雇用の分野における男女の均等な機会及び待遇の確保等女子労働者の福祉の増進に関する法律」であった。均等法は、「勤労婦人福祉法」の改正により成立したので、福祉の増進が、名称に付いていたのである。

　均等法の目的は2つあり、1つは、雇用における男女の均等な機会およ

　社員の年収を100とすると、パート・アルバイトは21.2、その他の非正規労働者は57.7、女性正社員は71.2、パート・アルバイトが20、その他の非正規労働者が43.4である。男性労働者の平均年収は男性正社員を100として86.9、女性労働者は45.2となり、男女別賃金格差は52.0である。

び待遇の確保である。2つ目は、妊娠中および出産後の健康の確保、である。つまり、母性を保護しながら、雇用の男女平等を実現することを目的としている。

均等法の基本的理念は、性差別の禁止である。2006年に改正されるまでは女性が性差別を受けないこととされてきたが、2006年の改正により、男女双方が性差別を受けないこととなった。それとともに、女性労働者が母性を尊重されつつ充実した職業生活を営むことも、基本的理念とされている。

このように、均等法は、雇用における性差別を禁じ、女性労働者には母性の尊重も保障して充実した職業生活を営むことを可能とするために、男女の均等な雇用の機会および待遇の確保と妊娠中および出産後に限定した母性保護と健康の確保を目的としている。

雇用の平等を広義に捉えた女性差別撤廃条約と比較すれば、均等法には「仕事と家庭の両立」が欠落している。男女がともに仕事も家事・育児も担う新しい男女平等社会の創造のためには、女性差別撤廃条約に鑑みて、均等法にも、「仕事と家庭の両立」が基本的理念にも、目的にも含まれる必要がある。この点の欠落は、均等法の「雇用の平等」観の狭さを示すとともに、雇用の男女平等の進展の緩やかさをもたらす一因となっていると思われる。

② 雇用の性差別の禁止

均等法は、その目的である雇用における男女の均等な機会および待遇の確保のために、事業主に性別を理由とする差別的取り扱いを禁止している。この差別的取り扱いの禁止については、「募集・採用」（第5条）、「職務配置・昇進・降格・教育訓練」（第6条1項）、「福利厚生」（第6条2項）、「職種及び雇用形態の変更」（第6条3項）、「退職勧奨・定年・解雇・労働契約の更新」（第6条4項）、「婚姻・妊娠・出産」（第9条）などの項目にわたっている。次に順次説明していこう。

i　募集・採用（第5条）

まず初めに、「募集・採用」に関する差別の禁止である。「募集・採用」の

規定は、1997（平成9）年の改正で、それまでの「努力義務規定」から「強行（禁止）規定」となり、さらに2006年の改正で男女双方に対する差別の禁止規定となっている。

1985（昭和60）年の成立時の規定は、「努力義務規定」であった。そのため、募集・採用差別についての裁判の認定においても、差別ではあるけれども法律違反とはいえない、と解釈される始末であった。当初より女性労働者が、努力義務規定では差別を禁止する法的効力はないと批判してきたが、まさにその通りとなった。

そこで、1997年には「事業主は、労働者の募集及び採用について、女性に対して男性と均等な機会を与えなければならない。」と改正され、2006年にはさらに、「事業主は、労働者の募集及び採用について、その性別にかかわりなく均等な機会を与えなければならない。」（第5条）と、男女双方に対し差別を禁止する規定となった。

均等法の条文は、今紹介したように、簡単明瞭で抽象的な文章である。そのため条文だけでは、具体的にどのような場合が法律違反になるのかは、判断しづらい。そこで厚生労働省は、法律解釈の内容紹介として、差別に該当する基準と具体的事例を「指針」として示している[4]。

[募集・採用に関する指針]

「募集・採用」の場合、差別に該当する基準は、次の5つである。

イ．募集・採用の対象から男女のいずれかを排除すること

ロ．募集・採用の条件を男女で異なるものとすること

ハ．能力・資質の有無等を判断して採用選考する場合に、その判断方法や判断基準を男女で異なる取り扱いをすること

ニ．男女のいずれかを優先して募集・採用すること

ホ．募集・採用に係る情報の提供について、男女で異なる取り扱いをする

4）以下で紹介する指針は、「労働者に対する性別を理由とする差別の禁止等に関する規定に定める事項に関し、事業主が適切に対処するための指針」（平成18年厚生労働省告示第614号、最終改正：平成27年厚生労働省告示458号）による。

こと

　また「指針」では法律違反に該当する具体的事例も紹介されている。これらの事例は、過去に労働局に相談があったものや、裁判で争われたものなどの実例である。

　イ．の排除にあたる例としては、「一定の職種（いわゆる『総合職』、『一般職』等を含む）や一定の雇用形態（いわゆる『正社員』、『パートタイム労働者』等を含む）について、募集・採用の対象を男女いずれかのみとすること」、「派遣元事業主が、一定の職種について派遣労働者になろうとする者を登録させるに当たって、その対象を男女のいずれかのみとすること」、「男女をともに募集の対象としているにもかかわらず、応募の受付や採用の対象を男女いずれかのみとすること」などがあげられる。

　ロ．の例としては、女性についてのみ、未婚者、子無し、自宅通勤等を条件としたり、その条件を満たす者を優先すること、である。

　ハ．の例としては、筆記試験や面接試験の合格基準を男女で異なるものとすることや、男女で異なる採用試験を実施すること、採用面接で女性に対してのみ、結婚の予定や出産後の継続就労の希望等を質問すること、などがあてはまる。

　ニ．の例としては、採用基準を満たす者のなかから男女のいずれかを優先して採用することや、男女別枠の募集・採用、男女のいずれかについて採用する最低人数を設定して募集すること、などがあげられる。

　ホ．の例としては、会社資料の送付対象を男女いずれかのみとしたり、資料の内容、送付時期を男女で異なるものとすることなどがあげられる。

　このように、均等法が禁止する差別を具体的に把握するためには、指針は欠かせないのである。

　　ii　職務配置・昇進・降格および教育訓練（第 6 条 1 項）

　　a．職務配置・昇進・降格

　「職務配置・昇進」については、募集・採用と同様に 1997 年の改正で、それまでの「努力義務規定」から「禁止規定」に変更となった。2006 年の改

正ではさらに職務配置の規定が厳密になり、「業務の配分及び権限の付与を含む」こととなった。また「降格」が追加された。降格とは、昇進・昇格の反対であり、等級や職位など会社内の職業的地位が下がることをいう。

均等法制定の際、「配置・昇進」の差別禁止は、「募集・採用」とともに、あるいはそれ以上に経営者側が抵抗した項目であるといわれている。逆にいえば、これらの項目の差別禁止は、雇用の男女平等の核心ともいえる。

　　　［職務配置に関する指針］

配置に関する指針は、7つと多い。
　イ．一定の職務への配置の対象から男女のいずれかを排除すること
　ロ．一定の職務への配置の条件を男女で異なるものにすること
　ハ．能力・資質の有無等を判断して一定の職務へ配置する場合に、判断方
　　　法や判断基準を男女で異なるものとすること
　ニ．一定の職務への配置に当たって、男女のいずれかを優先すること
　ホ．配置における業務の配分に当たり男女で異なる取り扱いをすること
　ヘ．配置における権限の付与に当たり男女で異なる取り扱いをすること
　ト．配置転換に当たり男女で異なる取り扱いをすること

　イ．の具体的事例としては、「営業の職務、秘書の職務、企画立案業務を内容とする職務、定型的な事務処理業務を内容とする職務、海外で勤務する職務等一定の職務への配置に当たって、その対象を男女のいずれかのみとすること」、「時間外労働や深夜業の多い職務の配置に当たって、その業務を男性労働者のみとすること」、「派遣元事業主が、一定の労働者派遣契約に基づく労働者派遣について、その対象を男女のいずれかのみとすること」等があげられる。

　ロ．の具体的事例としては、女性労働者についてのみ、婚姻・年齢・子有を理由に企画立案業務を内容とする職務への配置対象から排除すること、本社の経営企画部門への配置に際し、男性労働者は一定数の支店勤務を条件とするが、女性労働者にはそれ以上の支店勤務を条件とすること、一定の職務への配置に当たり、女性労働者についてのみ、一定の国家資格の取得や研修

の実績を条件とすること、営業部門について、男性労働者は全員配置対象とするが、女性労働者は希望者のみとすること、があげられる。

ハ．の具体的事例としては、一定の職務への配置にあたり、人事考課を考慮する場合、男性労働者は平均的評価があれば対象とするが、女性労働者はとくに優秀という評価がなされている場合にのみ対象とすること、一定の職務への配置の資格についての試験の合格基準を男女で異なるものとすること、一定の職務への配置の資格についての試験の受験を男女のいずれかに対してのみ奨励すること、があげられる。

ニ．の具体的事例としては、営業部門への配置基準を満たす労働者が複数いる場合に、男性労働者を優先して配置すること、があげられている。

次のホ．とへ．は、2006 年の改正で新たに追加された基準である。

ホ．の具体的事例としては、営業部門において、男性労働者には外勤業務に従事させるが、女性労働者には当該業務から排除し、内勤業務のみに従事させること、男性労働者には通常業務のみ従事させるが、女性労働者にはそれに加えて、会議の庶務、お茶くみ、掃除当番等の雑務をさせること、があげられる。

へ．の具体的事例としては、「男性労働者には一定金額まで自己の責任で買い付けできる権限を与えるが、女性労働者には当該金額よりも低い金額までの権限しか与えないこと」、「営業部門において、男性労働者には新規に顧客の開拓や商品の提案をする権限を与えるが、女性労働者にはこれらの権限を与えず、既存の顧客や商品の販売をする権限しか与えないこと」があげられる。

ト．の具体的事例としては、出向の対象を、女性労働者のみまたは一定年齢以上の女性労働者のみとすること、工場閉鎖に際し、男性労働者には近隣の工場に配置し、女性労働者には通勤に不便な遠隔地の工場に配置すること、男性労働者には複数の部門に配置するが、女性労働者には当初配置した部門から他部門に配置転換しないこと、などがあげられる。

　　［昇進に関する指針］

昇進に関する指針は、次の 4 つである。

第3章　日本の雇用平等法　149

　イ．一定の役職への昇進の対象から男女のいずれかを排除すること
　ロ．一定の役職への昇進の条件を男女で異なるものとすること
　ハ．能力・資質の有無等を判断して一定の役職へ昇進させる場合に、判断
　　　方法や判断基準を男女で異なるものとすること
　ニ．一定の役職の昇進に当たり男女いずれかを優先すること

　イ．に関する具体的事例としては、「女性労働者についてのみ、役職への
昇進の機会を与えない、または一定の役職までしか昇進できないものとする
こと」や、一定の役職への昇進試験で、受験資格を男女いずれかに対しての
み与えること、があげられる。
　ロ．の具体的事例としては、女性労働者には、婚姻・年齢・子有を理由に、
昇格できない、または一定の役職までしか昇進できないものとすること、課
長への昇進に当たり、女性労働者は課長補佐を経ることが必要だが、男性労
働者は必要ない、男性労働者の昇格には、一定率以上の出勤率や一定の勤続
年数が条件であるが、女性労働者の場合には、それらを超える条件が必要と
される、一定の役職への昇進試験で、女性労働者のみ上司の推薦が必要であ
る、があげられる。
　ハ．の具体的事例としては、課長への昇進試験の合格基準が男女で異なる
こと、昇進について、男性労働者は、人事考課で平均的評価があれば昇進で
きるが、女性労働者は、とくに優秀という評価の場合のみ対象となる、5段
階の人事考課制度の運用において、男性労働者は最低の評価でも中位に位置
づけるが、女性労働者は、最高の評価でも中位に位置づける、男性労働者は、
一定年齢に達すれば全員役職へ昇進できるが、女性労働者にはそのような取
り扱いをしない、一定の役職への昇進試験について、男女いずれかについて
のみ、一部を免除すること、などがあげられている。
　ニ．の具体的事例としては、一定の役職への昇進基準を満たす労働者が複
数いる場合に、男性労働者を優先して昇進させること、があげられる。

　　［降格に関する指針］

　2006年の改正で新たに追加された降格については、指針が4つある。

イ．降格の対象を男女いずれかのみとすること

ロ．降格の条件を男女で異なるものとすること

ハ．能力・資質の有無等を判断して降格させる場合に、判断方法や判断基準を男女で異なるものとすること

ニ．男女のいずれかを優先して降格させること

　イ．の具体的事例としては、「一定の役職を廃止するに際して、その役職に就いていた男性労働者は同格の役職に配置転換するが、女性労働者は降格させること」があげられる。

　ロ．の具体的事例としては、女性労働者についてのみ、婚姻・子有を理由に降格対象とすること、があげられる。

　ハ．の具体的事例としては、営業成績が悪い者を降格対象とする場合に、男性労働者については営業成績が最低の者のみ対象とするのに対し、女性労働者については平均以下の者を対象とすること、一定の役職を廃止するに際し、人事考課を考慮して降格対象者を選定する場合、男性労働者については最低の評価の者のみ対象とするのに対し、女性労働者についてはとくに優秀という評価の者以外すべてを対象とすること、があげられる。

　ニ．の具体的事例としては、一定の役職を廃止する際に、降格対象者を選定する場合、女性労働者を男性労働者よりも優先して対象とすること、があげられる。

ｂ．教育訓練

　教育訓練については、1997 年の改正で、それまでの労働省令で定める３つの教育訓練（初心者訓練、専門職訓練、管理職訓練）に限定したものから、すべてを対象とするものに拡大した。その結果、日本の教育訓練でもっとも重視されている OJT（オンザ・ジョブ・トレーニング）も対象となった。OJT とは、ふだんの仕事を遂行しながら、上司や先輩により行われる助言・指導という形の教育訓練である。

　　［教育訓練の指針］

第3章　日本の雇用平等法　　151

　教育訓練の指針は3つある。
　イ．教育訓練の対象から男女のいずれかを排除すること
　ロ．教育訓練の条件を男女で異なるものとすること
　ハ．教育訓練の内容を男女で異なるものとすること

　イ．の具体的事例としては、一定の職務に従事する者を対象とする教育訓練で、対象を男女いずれかのみにすること、工場実習や海外研修の対象を、男性労働者のみとすること、接遇訓練[5]を女性労働者のみとすること、があげられる。
　ロ．の具体的事例としては、女性労働者についてのみ、婚姻・年齢・子有を理由に、「将来従事する可能性のある職務に必要な知識を身につけるための教育訓練の対象から排除すること」、教育訓練の対象者の条件を、男女で異なる勤続年数にすること、女性労働者については、上司の推薦を必要とすること、教育訓練の対象を、男性労働者は全員とするのに対し、女性労働者は希望者のみとすること、があげられる。
　ハ．の具体的事例としては、「教育訓練の期間や課程」が男女で異なること、があげられる。

ⅲ　福利厚生（第6条2項）

　福利厚生の規定に関しては、均等法制定以来変更がない。現行法では、第6条2項で、「住宅資金の貸付けその他これに準ずる福利厚生の措置であって厚生労働省令で定めるもの」と規定されている。厚生労働省令で定める措置とは、次の4つである。ア．生活資金・教育資金の貸付け、イ．福祉の増進のための定期的金銭給付、ウ．資産形成のための金銭給付、エ．住宅の貸与、である。

　　［福利厚生に関する指針］

　福利厚生に関する指針は、2つである。

　5）接遇訓練とは、お辞儀のしかた、お茶の出し方、電話の受け答えなどに関する教育訓練のことである。

イ．福利厚生の対象から男女のいずれかを排除すること
　ロ．福利厚生の条件を男女で異なるものとすること

　イ．の具体的事例としては、「男性労働者についてのみ、社宅を貸与すること」があげられる。ロ．の具体的事例としては、女性労働者に対しては、婚姻を理由に、住宅を貸与しない、社宅の貸与は世帯主を条件とする場合に、男性労働者には、本人の申請のみで貸与するが、女性労働者には、本人の申請に加え、住民票の提出や配偶者の所得を条件とすること、住宅資金の貸付けについて、女性労働者には、配偶者の所得に関する資料の提出を求めること、があげられる。

iv　職種および雇用形態の変更（第6条3項）

　「労働者の職種及び雇用形態の変更」の規定（第6条3項）は、2006年の改正で新たに追加された項目である。職種とは、「職務や職責の類似性に着目して分類されるもの」であり、雇用形態とは、「労働契約の期間の定めの有無、所定労働時間の長さ等により分類されるもの」とされている。

　　　［職種の変更に関する指針］

　職種の変更に関する指針は、5つである。
　イ．職種の変更の対象から男女のいずれかを排除すること
　ロ．職種の変更の条件を男女で異なるものとすること
　ハ．能力・資質の有無等を判断して職種の変更を行う場合に、判断方法や判断基準を男女で異なるものとすること
　ニ．男女のいずれかを優先して職種の変更をすること
　ホ．職種の変更について男女で異なる取り扱いをすること

　指針で掲載された具体的事例について、あらかじめその特徴を指摘しておけば、そのほとんどがコース別雇用管理制度のコース転換に関するものである。「一般職は女子、総合職は男子」の性別職務分離（男女別コース制）を企業が維持しようとして、自由で公平なコース転換が妨げられていることが、

均等法違反の事例となっている。

　イ．の具体的事例としては、「一般職」から「総合職」への職種の変更を、男女のいずれかのみとすること、「一般職」から「総合職」への職種変更のための試験の受験資格を、男女いずれかにのみ与えること、「一般職」の男性労働者には、「準総合職」および「総合職」の職種変更を認めるが、「一般職」の女性労働者には、「準総合職」の職種変更しか認めないこと、「総合職」から「一般職」への職種変更は、制度上男女とも対象としているが、男性労働者には運用で職種変更を認めないこと、があげられる。

　ロ．の具体的事例としては、「一般職」から「総合職」への職種変更について、女性労働者には、子有を理由に対象からはずす、「一般職」から「総合職」への職種変更について、男女で異なる勤続年数を条件とする、「一般職」から「総合職」への職種変更について、男女いずれかに対してのみ、一定の国家資格の取得、研修の実績または一定の試験に合格を条件とすること、などがあげられる。

　ハ．の具体的事例としては、「一般職」から「総合職」への職種変更のための試験の合格基準を、男女で異なるものとすること、「一般職」から「総合職」への職種変更の対象者となるのは、人事考課で、男性労働者は平均的評価を受けている場合に対し、女性労働者はとくに優秀という評価を受けている場合のみであること、「一般職」から「総合職」への職種変更のための試験について、男女いずれかのみに受験を奨励すること、などがあげられる。

　ニ．の具体的事例としては、「一般職」から「総合職」への職種変更の基準を満たす労働者のなかから、男女のいずれかを優先して対象とすること、があげられる。

　以上述べた具体的事例は、すべてコース転換に関するものである。

　ホ．の具体的事例としては、経営の合理化に際し、女性労働者のみを、研究職から一般事務職への職種変更の対象とすること、などがあげられる。

　　［雇用形態の変更に関する指針］

　次に雇用形態の変更の指針は、5つである。

　イ．雇用形態の変更の対象から男女いずれかを排除すること

ロ．雇用形態の変更の条件を男女で異なるものとすること

ハ．能力・資質の有無等を判断して雇用形態の変更を行う場合に、判断方法や判断基準を男女で異なるものとすること

ニ．男女いずれかを優先して雇用形態の変更をすること

ホ．雇用形態の変更について男女で異なる取り扱いをすること

　イ．の具体的事例としては、有期雇用契約の労働者から正社員への雇用形態の変更の対象を男性のみとすること、パートタイム労働者から正社員への雇用形態の変更のための試験の受験資格を、男女いずれかにのみ与えること、があげられる。

　ロ．の具体的事例としては、女性労働者については、婚姻・子有を理由に、有期契約労働者から正社員への雇用形態の変更の対象から排除すること、有期雇用契約労働者から正社員への雇用形態の変更の条件について、男女で異なる勤続年数とすること、パートタイム労働者から正社員への雇用形態の変更のための試験の条件として、女性労働者についてのみ上司の推薦を必要とすること、などがあげられる。

　ハ．の具体的事例としては、有期雇用契約労働者から正社員への雇用形態の変更のための試験の合格基準を、男女で異なるものとすること、契約社員から正社員への雇用形態の変更を人事考課で判断する場合、男性労働者については平均的評価で対象となるが、女性労働者についてはとくに優秀という評価の場合にのみ対象となること、パートタイム労働者から正社員への雇用形態の変更のための試験の受験で、男女いずれかに対してのみ奨励すること、などがあげられる。

　ニ．の具体的事例としては、「パートタイム労働者から正社員への雇用形態の変更の基準を満たす労働者の中から、男女いずれかを優先して雇用形態の変更の対象とすること」があげられる。

　ホ．の具体的事例としては、経営の合理化に際し、女性労働者のみを、正社員から有期雇用契約労働者への雇用形態の変更の勧奨の対象とすること、経営の合理化で、正社員の一部をパートタイム労働者とする場合に、正社員である男性労働者は、正社員としてとどまるか、またはパートタイム労働者

第 3 章　日本の雇用平等法　155

に雇用形態を変更するかについて選択できるが、正社員である女性労働者は、一律パートタイム労働者への雇用形態の変更を強要されること、などがあげられる。

V　退職勧奨、定年および解雇、労働契約の更新（第 6 条 4 項）

「定年及び解雇」は、1985 年の均等法制定以来存続する項目であり、「退職の勧奨」と「労働契約の更新」は、2006 年の改正で新たに追加された項目である。均等法第 6 条 4 項には、「4　退職の勧奨、定年及び解雇並びに労働契約の更新」と規定され、これらの項目について、労働者の性別を理由とした差別的取り扱いを禁止している。

　　［退職勧奨に関する指針］

退職の勧奨の指針は、4 つである。
- イ．退職勧奨の対象を男女のいずれかのみとすること
- ロ．退職勧奨の条件を男女で異なるものとすること
- ハ．能力・資質の有無等を判断して退職勧奨する場合に、判断方法や判断基準を男女で異なるものとすること
- ニ．男女のいずれかを優先して退職勧奨すること

　イ．の具体的事例としては、「女性労働者に対してのみ、経営合理化のための早期退職制度の利用を働きかけること」があげられる。

　ロ．の具体的事例としては、女性労働者に対し、子有を理由に退職勧奨する、経営の合理化に際し、既婚の女性労働者に対してのみ退職勧奨をすること、があげられる。

　ハ．の具体的事例としては、経営合理化に伴う退職勧奨に際し、人事考課を考慮する場合に、男性労働者には最低の評価がなされている者のみ対象とするが、女性労働者にはとくに優秀という評価がなされている者以外すべて対象とすること、があげられる。

　ニ．の具体的事例としては、女性労働者を、男性労働者よりも優先して退職勧奨する、退職勧奨の対象とする年齢を、女性労働者は 45 歳、男性労働

者は 50 歳とすること、があげられる。

［定年に関する指針］

定年の指針は、「定年の定めについて男女で異なる取り扱いをすること」である。具体的事例としては、「定年年齢の引き上げを行うに際して、厚生年金の支給開始年齢に合わせて男女で異なる定年を定めること」があげられる。

［解雇に関する指針］

解雇の指針は、4つである。

イ．解雇の対象を男女のいずれかのみとすること
ロ．解雇の対象となる条件を男女で異なるものとすること
ハ．能力・資質の有無等を判断して解雇する場合に、判断方法や判断基準を男女で異なるものとすること
ニ．男女のいずれかを優先して解雇すること

イ．の具体的事例としては、「経営の合理化に際して、女性のみを解雇の対象とすること」があげられる。

ロ．の具体的事例としては、既婚の女性労働者のみ、または一定年齢以上の女性労働者のみを解雇の対象とすること、があげられる。

ハ．の具体的事例としては、経営の合理化に伴う解雇に際し、人事考課を考慮する場合に、男性労働者は最低の評価の者のみ対象とするが、女性労働者はとくに優秀という評価の者以外すべてを対象とすること、があげられる。

ニ．の具体的事例としては、解雇の基準を満たす労働者のなかで、女性労働者を男性労働者よりも優先して解雇の対象とすること、があげられる。

［労働契約の更新に関する指針］

労働契約の更新とは、「期間の定めのある労働契約について、期間の満了に際して、従前の契約と基本的な内容が同一である労働契約を締結すること」である。労働契約の更新の指針は4つである。

イ．労働契約の対象から男女いずれかを排除すること

ロ．労働契約の更新の条件を男女で異なるものとすること

ハ．能力・資質の有無等を判断して労働契約の更新をする場合に、判断方法や判断基準を男女で異なるものとすること

ニ．男女のいずれかを優先して労働契約の更新をすること

イ．の具体的事例としては、「経営の合理化に際して、男性労働者のみを労働契約の更新の対象とし、女性労働者については雇い止め[6]とすること」があげられる。

ロ．の具体的事例としては、女性労働者については、既婚や子有を理由に雇い止めとすること、男女いずれかに対してのみ、労働契約の更新回数の上限を設けること、があげられる。

ハ．の具体的事例としては、労働契約の更新に際し、男性労働者は平均的な営業成績であれば対象となるが、女性労働者はとくに営業成績が良い場合にのみ対象となる、があげられる。

ニ．の具体的事例としては、「労働契約の更新の基準を満たす労働者の中から、男女のいずれかを優先して労働契約の更新の対象とすること」があげられる。

vi　女性労働者の婚姻、妊娠、出産等を理由とする不利益取り扱いの禁止等（第9条）

女性労働者の婚姻、妊娠、出産等を理由とする不利益取り扱いの禁止等の規定は、2006年の改正で大幅に拡充された。それまでは、婚姻、妊娠、出産を理由とする退職の禁止と、婚姻、妊娠、出産、産前産後休業の取得を理由とする解雇の禁止が定められていた。これらの規定は、第1章で述べた女性労働者の雇用の出口に関する男女差別撤廃闘争の成果として、均等法制定当初から禁止規定として定められたものである。

しかし1990年代後半からの経済危機下でマタニティ・ハラスメントが頻

6）雇い止めとは、労働契約期間が満了する際に、次の更新が行われず、雇用が終了することを指す。

発し、女性労働者は再び働き続けることが困難になった。そこで、2006 年の改正では、新たにマタニティ・ハラスメントを規制し、母性保護を保障するために、妊娠、出産等に関する差別事由を拡大するとともに、不利益取り扱いについても、解雇以外にも拡大するように規定を改正・拡充したのである。

a　婚姻・妊娠・出産を理由とする退職の禁止（第 9 条 1 項）

第 9 条 1 項で、「事業主は、女性労働者が婚姻し、妊娠し、又は出産したことを退職理由として予定する定めをしてはならない。」と規定している。これは均等法制定以来の規定である。「予定する定め」とは、婚姻、妊娠、または出産をした場合には退職する旨を、労働協約、就業規則または労働契約に定めることや、労働契約の締結の際に念書を提出させること、あるいは、婚姻、妊娠、または出産をした場合の退職慣行を事実上退職制度として運用しているような実態を指している。

b　婚姻したことを理由とする解雇（第 9 条 2 項）

第 9 条 2 項で、「事業主は、女性労働者が婚姻したことを理由として、解雇してはならない。」と規定している。これも、均等法制定以来の規定であり、今回の改正で、独立した条文となった。

c　妊娠・出産等を理由とする解雇その他不利益取り扱いの禁止（第 9 条 3 項）

第 9 条 3 項は、従来の妊娠、出産、産前・産後休業の取得を理由とする解雇の禁止を、大幅に拡充したものである。第 9 条 3 項では「事業主は、その雇用する女性労働者が妊娠したこと、出産したこと、労働基準法（昭和二十二年法律第四十九号）第六十五条第一項の規定による休業を請求し、又は同項若しくは同条第二項の規定による休業をしたことその他の妊娠又は出産に関する事由であって厚生労働省令で定めるものを理由として、当該女性労働者に対して解雇その他不利益な取り扱いをしてはならない。」と、規定している。

解雇などの不利益取り扱いを受ける事由として、これまでの妊娠、出産、

産前・産後休業の取得以外にも、「産前・産後休業の申請」と「その他の妊娠又は出産に関する事由であって厚生労働省令で定めるもの」を加え、大幅に拡充している。

この「その他の妊娠又は出産に関する事由であって厚生労働省令で定めるもの」とは、妊娠中および出産後の健康管理に関する措置（母性健康管理措置）、妊娠中の軽易な業務への転換の請求・適用、妊産婦の法定労働時間を超える労働・時間外労働・休日労働・深夜業をしない旨の請求・適用、育児時間の請求・取得、妊娠・出産に起因する症状による不就業や労働能率の低下、などを指している。

［妊娠・出産等を理由とする解雇その他不利益な取り扱いの禁止に関する指針］

解雇その他不利益な取り扱いに当たるものは、以下の通りである。

イ．解雇すること

ロ．期間を定めて雇用される者に、契約の更新をしないこと（雇い止め）

ハ．あらかじめ契約の更新回数の上限が明示されている場合に、当該回数を引き下げること

ニ．退職又は正社員をパートタイム労働者等の非正規社員とするような労働契約内容の変更の強要を行うこと

ホ．降格させること

ヘ．就業環境を害すること

ト．不利益な自宅待機を命じること

チ．減給をし、又は賞与等において不利益な算定を行うこと

リ．昇進・昇格の人事考課において不利益な評価を行うこと

ヌ．不利益な配置の変更を行うこと

ル．派遣労働者として就業する者に、派遣先が当該派遣労働者に係る労働者派遣の役務の提供を拒むこと

チ．～ル．の具体的事例：

チ．「減給、賞与等における不利益な算定」にあたる具体的事例としては、

「実際には労務の不提供や労働能率の低下が生じていないにも関わらず、妊娠・出産・産前休業の請求等をしたことのみをもって、賃金・賞与・退職金を減額すること」、「妊娠・出産等に係る不就労期間分を超えて賃金を不支給とすること」、賞与・退職金の支給額の算定にあたり、不就労期間や労働能率の低下を考慮の対象とする場合に、疾病等のケースと比べて不利に取り扱うことや、実際の休業期間や労働能率の低下と比べて不正に（より長期・より大幅）取り扱うこと、があげられる。

　リ．「昇進・昇格の人事考課における不利益な評価」の具体的事例としては、「実際には労務の不提供や労働能率の低下が生じていないにも関わらず、妊娠・出産・産前休業の請求等をしたことのみをもって、人事考課において、妊娠をしていない者よりも不利に取り扱うこと」、「人事考課において、不就労期間や労働能率の低下を考慮の対象とする場合において、同じ期間休業した疾病等や同程度労働能率が低下した疾病等と比較して、妊娠・出産等による休業や労働能率の低下について不利に取り扱うこと」があげられる。

　ヌ．「不利益な配置の変更」の具体的事例としては、「妊娠した女性労働者が、その従事する職務において業務を遂行する能力があるにも関わらず、賃金その他の労働条件、通勤事情等が劣ることとなる配置の変更を行うこと」、妊娠・出産等に伴いその従事する職務遂行が困難であり配置変更が必要な場合に、他に適当な職務があるにも関わらず、特別な理由もなく当該業務と比較して、賃金その他の労働条件、通勤事情等が劣る配置変更を行うこと、産前産後休業からの復帰で、原職[7]または原職相当職に就けないこと、があげられる。

　ル．「派遣労働者に、派遣先が派遣の役務の提供を拒むこと」の具体的事例としては、妊娠した派遣労働者が、派遣契約に定められた役務の提供ができると認められるにも関わらず、派遣先が派遣元事業主に、派遣労働者の交替を求めること、妊娠した派遣労働者が、派遣契約に定められた役務の提供ができると認められるにも関わらず、派遣先が派遣元に当該労働者の派遣を拒むこと、があげられる。

　7）原職とは、休業前に従事していた仕事のことである。

d 妊娠中及び産後1年以内の解雇の無効と事業主の証明の必要性
（第9条4項）

第9条4項は、妊娠中および産後1年以内の解雇を無効とすること、そしてもしそれが正当な理由のある解雇であるならば、それを事業主が証明しなければならない、という規定である。2006年の改正で追加された新しく、かつ画期的な規定である。

経営者は、女性労働者の妊娠や出産を忌避し、本当はそれを理由に解雇していても、表向きの理由を女性労働者の仕事上の問題とする事例が多発した。そこで、母性や育児を理由とする差別を禁止するために、この規定が置かれたのである。

第9条4項は、「妊娠中の女性労働者及び出産後一年を経過しない女性労働者に対してなされた解雇は無効とする。ただし、事業主が当該解雇が前項に規定する事由を理由とする解雇でないことを証明したときは、この限りでない。」と規定されている。

このように、女性労働者は、妊娠・出産・産前産後休業等により、退職・解雇・その他さまざまな不利益を被ってきたが、現行の均等法は、差別事由についても、不利益取り扱いについても、大幅に拡充して差別を最大限禁止している。

vii 間接差別の禁止（第7条）——もう一つの性差別も禁止

2006（平成18）年の改正では、もう1つの種類の性差別も禁止されることとなった。それが間接差別の禁止（第7条）である。間接差別とは、「性別以外の事由を要件とする措置であって、それが実質的に一方の性に相当程度の不利益を与え、合理的理由がないもの」である。

日本で初めての間接差別禁止の判決となった「三陽物産事件」（1994年）では、基本給の本人給で、「世帯主」「勤務地」の要件は女性労働者に不利益を与える間接差別であると認定した。また1980年代半ばからコース別雇用管理制度が導入されて以来、「総合職」の要件に遠隔地「転勤」が設けられ

ていることも、女性を排除する間接差別として長らく批判されてきた。さらに住友電工事件の大阪高裁訴訟（2003 年 12 月和解）では、裁判長が、女性労働者にコースの転換を認めず、昇進・昇格の機会を与えなかったことを間接差別（職種にまぎれた性差別）と認定した。

　イギリスは 1975（昭和 50）年制定の「性差別禁止法」で、すでに直接差別も間接差別も禁止している。1979 年制定の女性差別撤廃条約も、直接差別・間接差別ともに禁止している。またヨーロッパでは、1980 年代からパートタイマーの劣悪な労働条件を、女性労働者に対する間接差別と認定して、改善を図ってきた。

　それに対し、日本の法律で初めて間接差別禁止を導入したのは、1999（平成 11）年制定の「男女共同参画社会基本法」である。均等法は、1985 年の制定時も、1997 年の改正時も、間接差別禁止の規定を設けなかった。そして 2006 年の改正でようやく、間接差別禁止の規定が設けられたのである。その意味で、日本の性差別に対する法的対応は、きわめて遅いといえよう。

　ところで、2006 年の改正で導入された間接差別の規定（第 7 条）は、均等法の第 5 条（募集及び採用）並びに第 6 条に掲げる事項に関する措置で、「労働者の性別以外の事由を要件とするもの」が「実質的に性別を理由とする差別となるおそれがある措置」（これを間接差別という）のうち厚生労働省令で定めるものを、「業務の遂行」や「雇用管理」上とくに必要である場合を除き、禁止している。

　第 7 条によれば、間接差別の禁止を、次のように規定している。「事業主は、募集及び採用並びに前条各号に掲げる事項に関する措置であって労働者の性別以外の事由を要件とするもののうち、措置の要件を満たす男性及び女性の比率その他の事情を勘案して実質的に性別を理由とする差別となるおそれがある措置として厚生労働省令で定めるものについては、当該措置の対象となる業務の性質に照らして当該措置の実施が当該業務の遂行上特に必要である場合、事業の運営の状況に照らして当該措置の実施が雇用管理上特に必要である場合その他の合理的な理由がある場合でなければ、これを講じてはならない。」

　つまり均等法は、間接差別全般を禁止するのではなく、そのうちの厚生労

働省令で定めるもので、かつ、業務の遂行や雇用管理においてとくに必要とされる場合を除き禁止するというきわめて限定的な適用となっているのである。

　現在、厚生労働省令が間接差別として定めるものは、a．募集・採用に際しての「身長・体重・体力要件」、b．募集・採用、昇進又は職種の変更に際しての「転居を伴う転勤要件」、そしてc．昇進に際しての「転勤経験要件」の3つである。この3つの要件に関する指針は、以下の通りである。

　　［間接差別に関する指針］

a　募集・採用に際しての「身長・体重・体力要件」

　身長・体重・体力要件を選考基準としていると認められる例は、その要件を満たす者のみを募集・採用する場合、その要件を採用基準の1つに含めている場合、あるいはその要件を満たす者を採用において優遇する場合があてはまる。

　その際、次のような場合は、合理的理由がなく、間接差別にあたる。

イ．荷物運搬業務において、当該業務に必要とされるよりも強い筋力があることを要件とする場合。

ロ．荷物運搬業務ではあっても、運搬等の設備・機械等の導入により、通常の作業では筋力を必要としないのに、一定以上の筋力があることを要件とする場合。

ハ．単なる受付、出入者のチェックのみを行う等防犯を本来の目的としていない警備員の職務について、身長・体重が一定以上であることを要件とする場合。

b　募集・採用、昇進または職種の変更に際しての「転居を伴う転勤要件」

　募集・採用、昇進または職種の変更にあたり、転居を伴う転勤に応じることができること（転勤要件）を選考基準としていると認められる例は、対象者を転勤要件を満たす者のみとする場合、転勤要件を選考基準の1つに含める場合である。

　その際、次のような場合は、合理的理由がなく、間接差別にあたる。

イ．広域にわたり展開する支店、支社等がなく、かつ、支店、支社等を広域にわたり展開する計画等もない場合。

ロ．広域にわたり展開する支店、支社等はあるが、長期間にわたり、家庭の事情その他の特別な事情により本人が転勤を希望した場合を除き、転居を伴う転勤の実態がほとんどない場合。

ハ．広域にわたり展開する支店、支社等はあるが、異なる地域の支店、支社等での勤務経験を積むこと、生産現場の業務を経験すること、地域の特殊性を経験すること等が労働者の能力の育成・確保にとくに必要であるとは認められず、かつ、組織運営上、転居を伴う転勤を含む人事ローテーションを行うことがとくに必要であるとは認められない場合。

c　昇進に際しての「転勤経験要件」

転勤経験要件を選考基準としていると認められる例は、転勤経験者のみを対象とする場合、転勤経験要件が昇進基準の1つに含まれている場合、転勤経験者が昇進の選考で優遇される場合、転勤経験者のみが昇進試験を全部または一部免除される場合である。

その際、次のような場合は、合理的理由がなく、間接差別にあたる。

イ．広域にわたり展開する支店、支社がある企業において、本社の課長に昇進するに当たって、本社の課長の業務を遂行する上で、異なる地域の支店、支社における勤務経験が特に必要であるとは認められず、かつ、転居を伴う転勤を含む人事ローテーションを行うことが特に必要であるとは認められない場合に、転居を伴う転勤の経験があることを要件とする場合

ロ．特定の支店の管理職としての職務を遂行する上で、異なる支店での経験が特に必要とは認められない場合において、当該支店の管理職に昇進するに際し、異なる支店における勤務経験を要件とする場合

以上が間接差別と認められる3つの要件に関する指針の内容である。間接差別にあたるのは、要件が業務の遂行や雇用管理上の必要性が認められない場合である。それは逆にいえば、職場環境や雇用慣行いかんによっては必要

第 3 章　日本の雇用平等法　　165

と認められ、間接差別と判断されない可能性があるということである。

　例えば、重量物の運搬業務において、運搬等の設備・機械等を導入すれば
とくに強い筋力を必要としないにも関わらず、企業が設備投資を怠れば、強
い筋力が業務遂行上必要と認められることになる。劣悪な労働環境・条件が
間接差別を容認することにつながる。したがって、間接差別の撤廃に向けた
職場環境の改善や雇用慣行の見直しが同時に行われない限り、間接差別は、
業務の遂行や雇用管理上の必要性の名目のもと、継続していくことになろう。

　いずれにせよ、2006 年の改正で間接差別の禁止の規定が導入されたこと
の意義は大きいものの、間接差別と認められる要件は 3 つに限定されたうえ、
業務の遂行や雇用管理上の必要性があれば間接差別にあたらないとされてい
る。そのため、職場環境や雇用慣行如何によっては、間接差別にあたらない
とされ、間接差別禁止の実効性が弱められ、骨抜きにされる危険性がある。

　さらに、間接差別は、裁判で取り上げられた事例にもあるように、これら
3 つの要件以外の事態も想定される。したがって、ごく限られたもののみに
限定するのではなく、間接差別概念にあてはまるものすべてを禁止対象とす
る必要がある。

viii　ポジティブ・アクション（暫定的特別措置）（第 8 条）
──「女性のみ・女性優遇」が特例として認められる場合

　均等法は、性を理由とした差別を禁じるのが原則である。しかし、女性差
別撤廃条約が、事実上の男女平等を促進する目的で行う特別措置を奨励して
いるように、均等法も、雇用の男女差別を改善することを目的とした特別措
置を、差別とみなさない。

　第 8 条は、「前三条の規定は、事業主が、雇用の分野における男女の均等
な機会及び待遇の確保の支障となっている事情を改善することを目的として
女性労働者に関して行う措置を講ずることを妨げるものではない。」と規定
している。

　この規定は、ポジティブ・アクションと呼ばれている。ポジティブ・アク
ションとは、固定的な性別役割分担意識など過去の雇用管理の経緯などから、

男女労働者間に事実上生じている格差を解消するため、事業主が行う自主的かつ積極的取り組みとされている。日本の場合、事業主が自主的に行うこととされていて、国はあくまでもそれを援助する関係となっている。

［ポジティブ・アクションに関する指針］

厚生労働省の定めるポジティブ・アクションに関する指針は、同じ雇用管理区分において女性労働者が男性労働者と比較して相当程度少ない場合、募集・採用（役職についての募集・採用も）・職務配置・昇進・教育訓練・職種の変更・雇用形態の変更に際して、女性を有利に取り扱うこと（具体的には、情報の提供、基準を満たす者のなかから女性を優先すること、試験の受験の奨励、対象を女性に限定、有利な条件の付与など）を、ポジティブ・アクションとして認めている。指針は以下の通りである。

　イ．女性労働者が男性労働者と比較して相当程度少ない雇用管理区分における募集若しくは採用又は役職についての募集若しくは採用に当たって、当該募集又は採用に係る情報の提供について女性に有利な取り扱いをすること、採用の基準を満たす者の中から男性より女性を優先して採用することその他男性と比較して女性に有利な取り扱いをすること。

　ロ．一の雇用管理区分における女性労働者が男性労働者と比較して相当程度少ない職務に新たに労働者を配置する場合に、当該配置の資格についての試験の受験を女性労働者のみに奨励すること、当該配置の基準を満たす労働者の中から男性労働者より女性労働者を優先して配置することその他男性労働者と比較して女性労働者に有利な取り扱いをすること。

　ハ．一の雇用管理区分における女性労働者が男性労働者と比較して相当程度少ない役職への昇進に当たって、当該昇進のための試験の受験を女性労働者のみに奨励すること、当該昇進の基準を満たす労働者の中から男性労働者より女性労働者を優先して昇進させることその他男性労働者と比較して女性労働者に有利な取り扱いをすること。

　ニ．一の雇用管理区分における女性労働者が男性労働者と比較して相当程度少ない職務に又は役職に従事するに当たって必要とされる能力を付与する教育訓練に当たって、その対象を女性労働者のみとすること、女性

労働者に有利な条件を付すことその他男性労働者と比較して女性労働者に有利な取り扱いをすること。

ホ．一の雇用管理区分における女性労働者が男性労働者と比較して相当程度少ない職種への変更について、当該職種の変更のための試験の受験を女性労働者のみに奨励すること、当該職種の変更の基準を満たす労働者の中から男性労働者より女性労働者を優先して職種の変更の対象とすることその他男性労働者と比較して女性労働者に有利な取り扱いをすること。

ヘ．一の雇用管理区分における女性労働者が男性労働者と比較して相当程度少ない雇用形態への変更について、当該雇用形態の変更のための試験の受験を女性労働者のみに奨励すること、当該雇用形態の変更の基準を満たす労働者の中から男性労働者より女性労働者を優先して雇用形態の変更の対象とすること、その他男性労働者と比較して女性労働者に有利な取扱いをすること。

なお、日本の事業主が実際に行っている積極的取り組みの具体例は、管理職の女性比率の増加、管理職に必要な知識・技術等を修得するための研修会への女性の参加の奨励、人事考課基準や昇進・昇格基準の明確化、両立支援策の充実などである。

［女性のみ・女性優遇の取り扱いの3類型］

ここで、均等法の「女性のみ・女性優遇」の取り扱いについてまとめておくと、次のように3つに分類される。

第1は、「女性のみ・女性優遇」の取り扱いは、原則として禁止される。例えば、パートタイマーや非正規社員の募集を女性のみに限定することを許せば、質の悪い雇用を女性に集中させることになる。それは従来通りの女性の職域の固定化や性別職務分離の固定化につながるので、均等法違反と判断される。

第2は、実質的に雇用の平等に貢献する場合、「女性のみ・女性優遇」は、均等法違反とは認められない。これが今指針を示した第8条のポジティブ・

アクション（暫定的特別措置）にあたる。例えば、これまで女性社員が少なかった会社が女性を積極的に採用したり、女性に管理職への登用を積極的に進めたりすることは、性別職務分離を解消し、雇用の男女平等を進めていくことにつながるので、均等法違反ではない。

第3に、男女の異なる取り扱いに合理的根拠があるものは、均等法違反ではない。例えば男優・女優のように、表現の真実性等の要請から、性が職業上必要な要素である場合や、防犯上の要請から男性に従事させることが必要である場合、宗教上や風紀上等、一方の性に限定することが必要である場合は、男女異なる取り扱いも認められる。

このように、「女性のみ・女性優遇」は、原則禁止であるが、ポジティブ・アクション（暫定的特別措置）にあたる場合や、男女異なる取り扱いに合理的根拠がある場合は、認められる。

いずれにせよ、ポジティブ・アクション（暫定的時別措置）は、性別職務分離を解消し、実際上または結果としての雇用の男女平等の実現を目的とする女性優遇策であり、均等法に違反しないのである。また第14条では、事業主がこの措置を講ずる場合に、国が援助を行うことが定められている。

③ 事業主の講ずべき措置

均等法は、「性別を理由とした差別の禁止」とは別に、雇用の男女平等を保障するために、「事業主の講ずべき措置」を定めている。それは、セクシュアル・ハラスメント防止策と母性保護対策である。

i セクシュアル・ハラスメントに関する雇用管理上の措置（第11条）

セクシュアル・ハラスメント防止策は、1997（平成9）年の改正で導入され、2006年の改正で規定が強化された。セクシュアル・ハラスメントとは、本人の望まない性的言動のことである。2つのタイプがあり、地位利用型（対価型）と職場環境型である。

地位利用型（対価型）というのは、職場の上司や先輩、取引先など仕事に関わる地位を利用して性的欲求を満たそうとするものである。もしその欲求

が受け入れられなければ、相手の賃金を引き下げたり、人事考課で低い評価をつけたり、解雇などの労働条件の引き下げという腹いせを行うものである。

また職場環境型というのは、ありもしない性的噂を流したり、職場にヌードポスターを貼るなど職場の環境を悪化させ、当該労働者や関係労働者の働く意欲を低下させるようなハラスメントのことである。

1997年に導入されたときは、事業主の「配慮義務」を課しただけであったが、2006年の改正で「措置義務」に強化された。また1997年は、被害者を女性労働者に限定していたが、2006年では男女労働者と派遣労働者も対象となった。

第11条は、「事業主は、職場において行われる性的な言動に対するその雇用する労働者の対応により当該労働者がその労働条件につき不利益を受け、又は当該性的な言動により当該労働者の就業環境が害されることのないよう、当該労働者からの相談に応じ、適切に対応するために必要な体制の整備その他の雇用管理上必要な措置を講じなければならない。」と規定している。

このように、この規定は、事業主に、職場でのセクシュアル・ハラスメント発生防止等の措置を取ることを義務づけたものである。それは、事業主には、労働者が職場で快適に労働する環境を整備する責任があると考えられているからである。そして具体的に取るべき措置は、まず会社がセクシュアル・ハラスメント禁止の方針を明確にし、次に日常的に相談・援助のできる体制を取り、さらにもし万一会社内でセクシュアル・ハラスメントが発生すれば、迅速・公平に対処しなければならない、ということである。

ちなみに、均等法に関する相談でもっとも多いのが、このセクシュアル・ハラスメントである。職場でそれだけ多くのセクシュアル・ハラスメントが発生していることを示唆している。事業主に措置義務を課すよう規定が強化されたのも、そのためであろう。また2006年の改正では、被害者救済の強化のため、セクシュアル・ハラスメントを紛争解決援助（機会均等調停会議による調停）の対象としたほか、是正指導に応じない場合は会社名を公表できることとなった。

ii 妊娠中および出産後の健康管理に関する措置（第 12 〜 13 条）

均等法は、目的や理念に母性の尊重を掲げており、それに照応して、事業主に対し、妊娠中および出産後の女性労働者の健康を保障する措置をとることを義務づけている。この規定は、均等法制定当初は努力義務規定であったが、1997 年の改正以降、強行規定に強化されている。

女性は妊娠すると、医師や助産師など専門家の診察を受け、その後も妊娠が順調に進行するように定期的に診察を受ける。これは母子保健法が定めるところである。したがって、女性労働者も、働きながら定期的に健康診査や保健指導を受ける機会が保障されなければならない。仕事の都合で、受診や保健指導の機会を逃すことがあってはならないのである。そこで、均等法は、事業主に、女性労働者が、母子保健法の規定による保健指導や健康診査を受けるための時間の確保を義務づけている。

均等法第 12 条は、「事業主は、厚生労働省令で定めるところにより、その雇用する女性労働者が母子保健法（昭和四十年法律第百四十一号）の規定による保健指導又は健康診査を受けるために必要な時間を確保することができるようにしなければならない。」と規定している。

またこの保健指導や健康診査で、女性労働者の健康に障害がみられ、胎児にも悪影響が予想される場合には、その程度に応じ必要な指導が行われる。切迫流産や妊娠中毒症のような緊急事態もあれば軽症の異常がみられる場合もある。それらに応じて、医者は、女性労働者の健康保障や負担軽減に必要な対応を指導する。事業主は、女性労働者がこれらの指導を実行できるように、適切な措置を講じなければならないのである。

均等法第 13 条 1 項に、「事業主は、その雇用する女性労働者が前条の保健指導又は健康診査に基づく指導事項を守ることができるようにするため、勤務時間の変更、勤務の軽減等必要な措置を講じなければならない。」と規定している。

勤務時間の変更とは、例えば通勤ラッシュを避けるために時差出勤を認めることなどであり、勤務の軽減とは、休憩時間を増やすことや勤務時間を短縮することなどである。緊急の場合には、休業を取ることも必要になる。

事業主がこれらの規定を遵守しない場合、女性労働者は、機会均等調停会議による調停という紛争解決援助を求めることができるし、会社が是正指導に応じない場合は企業名の公表も行われることとなっている。

④ 事業主に対する国の援助（第14条）

　均等法は、第8条で、雇用の男女平等の支障となる事情を改善する目的で女性労働者に対し行う措置、ポジティブ・アクションは、男女差別ではないと規定している。第14条は、事業主がそのような措置を講じる場合、国は援助できると規定している。

　事業主がポジティブ・アクションを行うにあたり、国は、雇用する労働者の配置その他雇用に関する状況の分析（第14条1項）、雇用における男女の均等な機会および待遇の確保の障害となっている事情を改善するために必要な措置に関する計画（第14条2項）、その措置の実施（第14条3項）、その措置の実施のために必要な体制の整備（第14条4項）、措置の実施状況の開示（第14条5項）について、相談その他の援助を行うことができる。これは、いわゆる行政指導を通じて、ポジティブ・アクションを普及させることを意図している。

　ではこの取り組みは、どの程度浸透しているのであろうか。企業の取り組み状況をみると、2014年度には、2010年度・2012年度・2013年度に比べ、大幅に増加した。ちなみに、「取り組んでいる」企業（30人以上規模）の割合は、2010年度28.1％、2012年度32.5％、2013年度20.8％に対し、2014年度は57.1％であり、これまでの2〜3倍に急増している（以上の数値は、厚生労働省「雇用均等基本調査」による）。

　また、2014年度の場合、「取り組んでいる」と「今後、取り組むこととしている」（17.2％）を合わせると、前向きの企業は74.3％となる。それに対し、2012年度は、「取り組んでいる」が32.5％、「今後、取り組むこととしている」が12.1％、両者合わせても44.6％と半分にも満たなかった。このように、2014年度は、ポジティブ・アクションの取り組みが、ようやく本

格化したといえよう[8]。

　これを企業規模別にみると、大企業ほど取り組みが積極的である。5000人以上規模では、「取り組んでいる」が8割強（82.7％）、「今後、取り組むこととしている」（10.4％）と合わせると9割強（93.1％）にのぼっており、取り組みが一般化していることが伺える。また、1000〜4999人規模でも、「取り組んでいる」企業は約4分の3（73.6％）、「今後、取り組むこととしている」（16.0％）と合わせると、約9割（89.6％）に達している。300〜999人規模でも、「取り組んでいる」が約7割（68.7％）、「今後、取り組むこととしている」（16.4％）と合わせると85.1％となっている。

　このように、2014年度には、300人以上規模では、「取り組んでいる」企業の割合が大幅に増加して7割程度〜8割強となり、取り組みが一般化した。

　それに対し、300人未満企業では、「取り組んでいる」企業の割合は、より大幅に増加したものの、4割強から6割にとどまっている（100〜299人60.3％、30〜99人　54.7％、10〜29人　42.8％）。企業規模間格差は、相変わらず大きい。

　産業別にみると、もっとも取り組んでいるのは「複合サービス業」100.0％、次いで「医療、福祉」73.1％、そして「教育・学習支援業」67.6％、「生活関連サービス業、娯楽業」66.6％、「情報通信業」66.6％と続いている。

　日本は、ポジティブ・アクション規定の導入自体が遅く（女性差別撤廃条約成立後18年目、同条約批准後12年目）、しかも企業の自主性に任せているため、取り組みが低調にならざるをえなかった。

　それが2014年度に大幅な改善をみたのは、「女性活躍推進法」成立に向けた企業の対応であろうと思われる。同法は、301人以上の企業に対し、女性活躍推進の計画策定を義務づけている。法律による強制が、企業行動を大きく変えたものと思われる。

8）2014年度の数値は厚生労働省「雇用均等基本調査」（平成26年度）による。以下同じ（『女性労働の分析 2014年版』159ページ）。なお、 急増の理由は定かではないが、2015年8月に成立した「女性活躍推進法」の影響ではないかと思われる。この法律の成立を見越し、ポジティブ・アクションの義務化に対応すべく、取り組みを開始したのではないかと推測される。

第3章　日本の雇用平等法　　173

　ちなみに、スウェーデンでは、1991年の雇用平等法の改正で、10人以上規模の企業にポジティブ・アクションの実施を義務づけた結果、地道な取り組みで成果を上げている。またノルウェーも「男女平等法」の改正で「クォータ制」を導入することとなり、より迅速に改善効果を上げている。

　スウェーデンやノルウェーが法律を改正してポジティブ・アクションを義務づけているのと比べると、日本の均等法の規定の弱さは明らかである。現在は、「女性活躍推進法」の「援護」で、ようやくポジティブ・アクションの取り組みが本格化し始めたところである（「女性活躍推進法」の内容については、後述の「4．女性活躍推進法」を参照のこと）。

⑤ 救済および制裁措置

［救済措置］

　労働者は、均等法が禁止する性差別や不利益な取り扱いを受けた場合、救済を求めることができる。救済措置は3つあり、1つは、労使の話し合いによる苦情の自主的解決であり、2つ目は、都道府県労働局長による助言、指導、勧告であり、3つ目は、機会均等調停会議による調停である。

　まず1つ目の、職場の労使で苦情を自主的に解決する方法（第15条）とは、事業主を代表する者と当該事業場の労働者を代表する者で構成する苦情処理機関で、話し合いによって苦情を自主的に解決するというものである。

　この解決手段の対象となる性差別や不利益は、募集・採用を除く性差別禁止事項である。配置・昇進・降格・教育訓練、福利厚生、職種及び雇用形態の変更、退職勧奨・定年および解雇並びに労働契約の更新（以上、第6条）、間接差別（第7条）と、婚姻・妊娠・出産等を理由とする不利益取り扱い（第9条）や、妊娠中および出産後の健康管理（第12条、第13条）である。

　2つ目として、都道府県労働局長は、紛争当事者の双方または一方から解決について援助を求められた場合、必要な助言、指導、勧告をすることができる（第17条）というものである。

　3つ目の機会均等調停会議による調停（第18条）とは、2001（平成13）年に成立した「個別労働関係紛争の解決の促進に関する法律」を活用して、

紛争当事者の双方または一方から調停の申請があり、都道府県労働局長が必要と認めるときに行うこととなっている。

　調停は、3人の学識経験者からなる機会均等調停会議により行われ、紛争当事者や関係者から事情を聴取したうえで、調停案を作成し、受諾を勧告することができる。ただし強制力はない。

　調停という解決方法は、裁判のように法律に基づき問題の白黒を明確に判断するものではない。あくまでも、労使双方が譲り合って妥協点を見いだして解決しようとするものである。そのぶん、被害を受けた労働者にとって十分な救済になるかは疑問である。その意味で、均等法の救済措置は脆弱であるといえよう。

　この解決手段の対象となる性差別や不利益は、1つ目の解決手段で利用できるもの（第6条、第7条、第9条、第12～13条）に、セクシュアル・ハラスメント（第11条）を加えたものである。

　　［制裁措置］

　次に、均等法に違反した企業に対する制裁措置をみてみよう。制裁措置は、企業名の公表と過料の支払いである。均等法が禁止する性差別や不利益な取り扱い（募集・採用も含む）に違反した事業主に対し、厚生労働大臣が勧告したにも関わらず、これに従わなかった場合、企業名を公表することができる（第30条）。

　この企業名の公表は、これまで長らく行われてこなかったが、2015年に初めての公表事案が発生した。茨城県の医療機関で妊娠を理由とする解雇が発生し、茨城労働局長による助言・指導・勧告、次いで厚生労働大臣による勧告があったにも関わらず、これに従わなかったため、企業名の公表となったものである。

　また厚生労働大臣に対し必要な報告をしない、あるいは虚偽の報告をした場合には、20万円以下の過料に処することとなっている。この過料というのは、刑罰としての意味合いはなく、また金額も少額にとどまっている。

　それに対し、アメリカでは、公民権法第7編に違反する性差別が行われれば、女性労働者はEEOC（雇用機会均等委員会）に訴え、EEOCは女性労

働者に代わり訴訟を起こすことができる。企業の違反が立証されれば、企業には懲罰的高額の罰金が科されることになる。現に日本の自動車メーカーの現地法人もセクハラで処罰されたこともある。企業は、この懲罰的罰金を受けないようリスクマネジメントには敏感であるといわれている。

　日本の場合、例え均等法に違反しても、20万円以下の過料か、あまり発令されることのない企業名の公表で済むのであるから、企業に法律を遵守させる力は、はなはだ弱いといわざるを得ない。

（3）均等法の改正（1997年）に伴う「労働基準法」の改正

① 時間外・休日労働、深夜労働の女性労働者に対する規制の転換
　　——ダブルスタンダードから共通規制へ

　労働基準法（以下、労基法と略す）による労働時間規制は、1947（昭和22）年の制定以来、男性労働者用と女性労働者用に分かれるいわゆるダブルスタンダードであった。女性労働者には、母性保護や家庭責任を理由に男性労働者よりも厳しい規制をかけてきた。

　1947年の制定以来1985年までは、女性労働者に許される所定外労働時間は、1日2時間、1週6時間、年間150時間であった。深夜労働は、公共の福祉から必要とされる医療関係等を除き、原則禁止とされてきた。

　しかし、均等法の制定の過程で、経営者の側からいわゆる「保護抜き平等論」が主張されるようになると、女性労働者に保障されてきた労働時間規制が徐々に緩和ないし廃止されるようになった。1985年の均等法の制定に伴い、所定外労働時間の規制が緩和され、また管理職や一部専門職の女性には、深夜労働も解禁となった。

　なお所定内労働時間は、1987年に、それまでの1日8時間、週48時間から、1日8時間、週40時間に短縮された。これは1980年代の貿易摩擦で、日本の長時間労働がその一因として、海外から厳しい批判を浴び、それに応える形で短縮されたものである。労基法の制定から40年ぶりの改正であった。

1997（平成9）年には、均等法の2回目の改正に合わせて、所定外労働時間の男女別規制に対する経営側の批判が強化され、ついに女性労働者用の規制は撤廃された。女性労働者にも男性労働者の労働時間規制が適用されることとなった。その結果、労働時間規制は、従来の男女別のダブルスタンダードから、男女共通の一つの規制になったのである。

　その結果、日本の労働時間規制は、所定内労働時間が、1日8時間、1週40時間、所定外労働時間は三六協定により決められることとなった。三六協定とは、所定外労働時間は、職場の労使の話し合いによって決めるという労基法36条による取り決めである。その実態は、大企業ほど長時間の残業が設定され、残業が無制限に許されてきた。

　そこで国が、残業時間の上限の目安を示し、その範囲内にとどめるよう指導している。その上限は、1週15時間、1カ月45時間、3カ月120時間、1年360時間というもので、これでもEUに比べると長時間残業を許容するものである。ところが、この目安には法的拘束力がなく、また三六協定には特例も認められているため、日本の大企業では、相変わらず、この水準を大幅に上回る残業が行われている。

　1997年の改正では、深夜労働が、女性労働者にも解禁となった。ただし「育児・介護休業法」が、子の養育または介護の事情への配慮を規定しており、該当者には深夜業が制限される。また休日労働も、女性労働者に解禁されることとなった。

　一般に、男女共通規制となることは、雇用の男女平等の流れに沿うことではあるが、1997年の改正のように、男性の労働時間を基準に共通化されることは、女性労働者にとっては労働時間の大改悪である。世界で女性差別撤廃条約や家族的責任条約に沿って進められている雇用の男女平等に逆行する改正となった。

　今、世界で進められている雇用の男女平等は、労働時間の短縮を不可欠の条件としている。家庭責任と両立する労働時間に短縮してこそ、真の雇用の男女平等は実現する。したがって、雇用の男女平等の実現につながる労働時間の共通規制は、男性労働者の基準ではなく、女性労働者の基準で設定されるべきであった。

しかし日本の場合、経営者側の主張する表面的な雇用の男女平等を理由に、男性の長時間労働を前提に、女性をその基準に引き下げることになってしまった。これは、世界で進む雇用の男女平等とは明らかに異質で、その阻害要因である。その結果日本では、女性正社員の労働負担を今まで以上に強化する一方、女性の働き方をパートタイム労働に誘導し、非正規雇用の増加をもたらす一因となったのである。

② 母性保護の強化

「母性」の再定義は、育児を母性保護から切り離し、妊娠・出産に限定することとなった。1997年の労基法の改正では、産前・産後休暇が拡充され、多胎妊娠の場合の産前休暇が、14週間に延長された。

その一方で、生理休暇が取得しづらい状況も生まれている。生理休暇とは、労基法に規定されている母性保護のひとつであり、女性労働者は生理日の就業が著しく困難な場合、請求すれば休暇を取得する権利が認められている（労基法68条）。女性の生理は、本来、妊娠・出産に密接に関連する現象であるから、生理休暇の取得が気兼ねなく行えるようにすべきである。

ヨーロッパでは病気休暇制度があり、男性も含めて、体調不良の際は容易に利用できる。労働者の健康の保障という点で、併せて改善が求められる。

（4）均等法の意義と限界

これまで均等法の歴史や法律内容について説明してきたが、最後に、均等法に対する評価として、意義と限界を述べてみたい。

　　［意義］
まず均等法の意義は、日本の歴史上初めて、雇用の男女差別や性差別を、基本的に（ほぼ網羅的に）禁止する法律であるということである。均等法が成立するまで、日本には、雇用の男女差別を禁止する労働法は、労基法3条

と4条しかなかった。そのため現実のさまざまな女性労働者差別に対応できず、その代替・補完として、憲法14条と民法90条などを活用して、女性労働者に対する差別を公序良俗違反として撤廃してきた。確かに均等法も、雇用の性差別を完全に網羅しているわけではないし、効力にも問題がある。それでもこの法律ができたことが、雇用の男女差別を撤廃するうえで、大きな土台となったといえよう。

［限界］

　均等法の成立の意義は大きいものの、その効力には大きな限界もある。雇用の男女平等を真に実現していくためには、海外の例を参考にしながら、もっと効力を強化する必要がある。限界と改善点について、次に述べる。

　まず第1に、均等法を企業が遵守し、被害者がきちんと救済されるためには、強い権限と機能をもった独立の行政機関が必要である。企業を監視・調査し、必要な是正命令を出せるくらいの権限と機能がなければ、企業は本気で法律を遵守しないであろう。

　日本の場合、均等法の担当行政機関は、都道府県労働局雇用均等室である。労働者から相談があれば、助言・指導・勧告することができるし、勧告に従わなければ企業名の公表という社会的制裁を科すことができる。また労働者が企業との間で紛争を解決するために、機会均等調停会議による調停を行うこともできる。とはいえ、企業名の公表は、ほとんど行われてこなかったし、調停の効果も十分とはいえない。

　それに対し、アメリカでは、公民権法第7編の雇用差別に対しては、EEOC（雇用機会均等委員会）が問題解決にあたり、専門家を擁するこの委員会が、女性労働者に代わり提訴する権限をもっている。はるかに強力な行政機関が、女性労働者に対する差別の解決にあたっている。

　イギリスでも、強い権限と機能をもつ EOC（雇用平等委員会）が問題解決にあたってきた。この委員会は、2006年、平等法の成立により、人種平等委員会や障害者権利委員会と統合し、平等人権委員会に変更した。

　スウェーデンには、雇用平等オンブズパーソン制度があり、雇用平等法が企業で遵守されているか、厳しく監視し、必要とあれば職場に立ち入り調査

し、適宜是正命令を出すことができる。

このように、海外では強い権限と機能をもった独立の行政機関が、雇用の性差別撤廃に向けて活動している。日本でも、均等法を企業に遵守させ、被害者が出れば迅速に正当に救済することができるように、担当機関を、強い権限と機能をもった独立の行政機関に改正・強化することが求められる。

第2に、均等法違反の罰則がきわめて弱く、またあまり発動されていないことも問題である。都道府県労働局長の助言・指導・勧告に従わず、厚生労働大臣の勧告に従わなかった場合に企業名の公表ができるが、実際に発動されることはきわめて稀である。また厚生労働大臣に報告せず、または虚偽報告した場合は20万円以下の過料を科すのみである。アメリカでは、公民権法第7編違反が確定すれば、懲罰的な高額の罰金が科せられるので、企業は法律違反に対して細心の注意を払うようになる。もっと企業に対し、法律遵守を用心させるくらいの効果的金額への引き上げが必要である。

第3に、間接差別の適用を一般化することである。2006年の改正でようやく一部限定で導入されたが、これでは、あまりに狭すぎる。実際の間接差別にすべて対応できる規定に拡充すべきである。

また、要件が「仕事に本当に必要か否か」の判断が、既存の人事管理を前提に判断されれば、間接差別はなくならない。いつでも、誰でも、遠隔地転勤が可能な人事管理のあり方を見直し、かつILO165号勧告のいう家族的責任との調和のとれた転勤のあり方を保障することとセットで、仕事上の必要性は判断されるべきである。

第4に、ポジティブ・アクションを企業に義務づける改正が必要である。これまで企業の自主性に任されてきた結果、ポジティブ・アクションの導入は一部にとどまってきた。女性が、男社会である企業で、男性とともに重要な役割を果たすことができるようになるためには、女性労働者に対する暫定的な特別措置が欠かせない。長らく男尊女卑的風潮が存続してきた企業社会を変革するためには、大きな力が必要である。

その点、改善計画の策定を義務づける「女性活躍推進法」が、一定の効果を示しそうである。クォータ制の採用を含むポジティブ・アクションやアファーマティブ・アクションを活用する海外では、女性の採用と登用が進み、

女性の活躍が進展している。労働力不足で、「女性の活躍」が叫ばれる今こそ、単なる数合わせではない、重要な役割への女性の配置・登用を進めるために、ポジティブ・アクションを企業に義務づける法改正が必要である。

第5に、均等法の適用のしかたについて、「雇用管理区分」を超えて、真に男女間の雇用差別に対応するものに改善すべきである。現在の適用のしかたは、同じ「雇用管理区分」内に限定されているため、もっとも深刻な雇用差別に、均等法は無力である。例えば、コース別雇用管理制度が採用されている場合、総合職同士または一般職同士の男女間の雇用差別には適用されるが、男性総合職と女性一般職の間の雇用差別には適用できないとされている。

しかし兼松事件の東京高裁判決（2008年）にみられるように、実際の総合職男性の仕事と一般職女性の仕事の内容には、賃金差額ほどの差異はない。にもかかわらず、コースの違いを理由に、賃金に極端な差を設けていた。一般に商社では、女性の賃金はどこまでいっても、28歳の男性の賃金に追いつかないといわれている。このような雇用の男女差別にこそ、均等法がメスを入れなければならないはずである。均等法の適用を、「雇用管理区分」内の雇用差別に限定しないよう、限定を外すべきである。

第6に、立証責任を転換して、「被害者が差別を立証する」から「訴えられた企業が差別をしていないことを立証する」ようにすべきである。この立証責任の転換は、ヨーロッパでは実現している。また均等法でも、妊娠中および出産後1年以内の解雇については、企業の立証責任が求められている。これを均等法の禁止するすべての雇用差別に適用するように拡充すべきである。

過去の雇用差別撤廃裁判で、原告が証拠集めに大変苦労した。証拠となる資料は企業が保管しているのだから、企業が資料をもとに差別していないと反論するほうがよほど容易である。裁判の迅速化にも貢献できるといえよう。

以上、現在の均等法が抱えている限界・問題点を指摘し、その改善策について述べた。均等法の効力が強化されれば、企業の雇用差別に対する危機管理も強化され、被害者の迅速な救済と雇用差別の減少がもたらされるであろう。

2．育児休業制度

　雇用の男女平等を実現していくためには、仕事と家庭の調和、とくに育児に対する男女の協力と社会的支援は不可欠である。ILO165号（家族的責任）勧告は、出産休暇に続く育児休暇、保育施設の拡充、労働時間の短縮と働き方の柔軟化などの社会的条件の整備を要請している。ここでは、育児休業制度について取り上げ、日本の現状をみておこう。

　日本で、現在の育児休業制度が成立したのは、1991（平成3）年のことである。その後介護休業制度も創設し、「育児・介護休業法」が1995年に成立した。育児休業制度は、その後何度も改正をみている。

① 育児休業制度の内容

　現行の育児休業制度は、いわゆる育児休業制度と育児を抱える労働者に対する就業援助制度の2本立てになっている。まず育児休業制度について、説明しよう。

　実は、日本で初めて育児休業制度が成立したのは、1975（昭和50）年のことである。この旧制度は、女性の専門職である教員・看護師・保育士を対象としたものであった。育児を担当するとされた女性のうち専門職の女性のみを対象に、育児のために仕事を休むことのできる制度を創設したのである。育児休業は、長く働き続けたい女性労働者の願いであったが、制度を必要とする女性労働者すべてを対象とせず、長い伝統もあり労働者確保・離職阻止の必要性の高い女性専門職に限定した制度として作られたのである。

　その後、世界の男女平等観は、もはや育児は女性のみが担当するのではなく、男女が共同で担当するものに転換させた。日本も、世界の動向にならい、ILOの「家族的責任条約」に対応できる制度の設立が求められた。こうして1991（平成3）年に、ILO165号勧告に沿う民間企業の男女労働者がともに取得できる制度として「育児休業法」が成立した。

ちなみに、世界で初めて男女労働者を対象とした育児休暇制度を創設したのはスウェーデンであり、1974年のことである。日本の旧・育児休業法が成立する前年であった。日本で、ようやく女性労働者の一部を対象とした育児休業法が成立する前に、男女がともに取得できる育児休暇制度を制定しているのである。男女平等先進国と日本の取り組みの違いが、「質・量」ともに大きいことを端的に示している。

　さて、1991年に成立した育児休業制度では、民間企業の男女労働者が、原則生後1年間、子育てのために仕事を休むことができる。ただし、2005年4月1日より、子どもが1歳のときに育児休業中で、かつその後も保育所が利用できない場合は、半年延長することが認められた。さらに、2017年1月1日からは、1歳半のときに育児休業中で、かつ、保育所に入所できないなど休業が必要であると認められるときは、2歳まで延長することができるようになった。このような育児休業期間の延長は、とくに大都市圏で続く待機児童対策の一環でもある。

　育児休業中の所得保障については、徐々に改善されてきた。育児休業制度が創設された当初は、無給であった。そのため利用者は貯蓄を取り崩しながら、生活不安を抱えながらの休業となった。所得保障がないため、育児休業の取得を諦めたり、期間を短縮するなど、経済的困難は育児休業の利用に大きな影響をおよぼした。

　労働者の所得保障に対する希望は強く、その後、1995年からは25％（＋社会保険料の自己負担分）、2001年からは40％、2007年からは50％へと少しずつ引き上げられた。そして、2014年4月からは、支給開始から6カ月は67％、それ以後は50％の育児休業給付金が支給されるようになった。これでようやく産前・産後休暇時の所得保障水準（民間企業6割、公務員8割）に並んだといえる。とはいえ、先進各国の所得保障水準（80〜100％）よりは大幅に低い。

　現行の育児休業制度では、男性も育児休業を取得することが可能であるが、実際に取得する人はきわめて少ない。そこで、男性の取得率を上げようと、いろいろと工夫がされてきた。2009年の改正で導入された日本版パパクォータと呼ばれる「パパ・ママ育休プラス」は、両親がともに育児休業を利用す

る場合は、休業期間を2カ月延長する（1年2カ月）というものである。ノルウェーやスウェーデンの「パパの月」のように、男性専用で一定期間の取得を半ば強制する制度ではないが、男性の利用が休業期間の延長をもたらすというメリットをつけて、男性の取得率の向上を期待している。

　同様に2009年の改正では、これまで専業主婦がいる夫たる男性労働者に対しては、労使協定で育児休業の利用者から除外する規定を認めていたが、その規定を廃止した。専業主婦がいても、夫も育児休業を取得し、夫婦で育児することを承認・奨励するようになったのである。さらに、「パパ休暇」という、父親が出産後8週間以内に育児休業を取得した場合は、その後再度、育児休業を取得することを認めることとした。育児休業は、事前に申請して1回だけ取得できる仕組みになっているが、出産直後に取得した場合は、あともう1回取得を認めるというものである。

② 就業援助措置

　次に、子育てしながら働く労働者の就業を援助する措置について説明しよう。これには、勤務時間の短縮（短時間勤務制度）、残業の制限、始業・終業時間の繰り上げ・繰り下げ、フレックスタイム制、企業内保育所などがあり、企業はこのなかから最低1つは実施しなければならない。労働者が育児休業を取得しないか、3歳までの子どもを育てている場合は、必ず実施しなければいけないし、子どもが3歳以上小学校就学までであれば、努力義務規定となっている。

　2009（平成21）年の改正では、3歳未満の子どもを育てる労働者に対し、短時間勤務制度と所定外労働の免除を事業主に義務づけた。短時間勤務制度というのは、所定内労働時間は通常8時間であるが、それを6時間に短縮できるというものである。正社員としての地位を保持したまま、労働時間を短縮し、パートタイマーのように短時間の勤務が認められるというものである。子育て中の労働者にとって何より求められるのが、労働時間の短縮であり、それを3歳未満の子どもを育てている労働者に限って認めたのである。

　また所定外労働の免除とは、3歳未満の子どもを育てている労働者が、事

業主に請求すれば、事業主は認めなければならないこととなった。残業が蔓
延する企業では、子育てのための時間を確保することが難しいが、3歳未満
の子どもを育てている労働者に限り、本人の請求があれば、残業をさせては
ならないこととなったのである。

　こうして、従来は、就業援助措置は最低1つの実施が義務づけられていた
が、今後は、短時間勤務制度と所定外労働の免除の2つの措置は、必ず実施
しなければならなくなった。

　一般労働者の長時間労働が蔓延している日本企業で、仕事と子育ての両立
はきわめて困難であり、それが未婚化や少子化の原因のひとつと指摘されて
久しい。3歳未満の子どもを育てている労働者に限り、短時間勤務制度と所
定外労働の免除が義務化されたことは、子育てしながら働く労働者にとり、
大いなる改善である。また今後、適用年齢をさらに延長して、より多くの子
育て家庭が働きやすい制度になることが求められよう。

③ 子どもの看護休暇制度

　育児休業制度には、もうひとつ、子どもの看護休暇制度がある。これは子
どもが病気やけがをした場合に、仕事を休んで看病や世話をすることのでき
る制度である。子どもは小さいうちはよく病気をするので、子育て中の労働
者にとっては、必要不可欠な制度である。2005（平成17）年以降義務化され、
小学校就学までの子に対し、1年につき5日の看護休暇が与えられることと
なった。2009年の改正で、それに加えて、子どもが2人以上の場合は、1
年につき10日まで付与されることとなり、改善されている。とはいえ、ス
ウェーデンの1人につき120日とは雲泥の差である。

④ 有期雇用労働者への適用条件

　以上が、育児休業法の主要な内容である。ところで、この育児休業法の適
用対象者は、雇用期間が1年を超える無期雇用契約（期間の定めのない契
約）の労働者である。日雇いや臨時労働者は原則適用除外となっている。た

だしパートタイマーであっても、期間の定めのない労働契約で雇われている場合や、期間の定めのある労働契約であっても、契約更新を重ねて期間の定めのない契約と実質的に異ならない場合は、適用対象となる。

2017（平成29）年1月1日以降、有期雇用契約の労働者が育児休業の適用対象者となる条件は、次の2つとなった。1つは、1年以上の雇用の実績がある者、もう1つは、子どもが1歳6カ月になるまでの間に、雇用契約がなくなることが明らかでない者（労働契約が満了し、かつ、契約の更新がないことが明らかでない者）、である。

この条件だと、有期雇用者は、育児休業を取得するために、最短で2年半〜3年程度の雇用継続が必要となる。この条件は、有期雇用者が自由に妊娠・出産することを制限し、有期雇用の期間が短期になれば、育児休業を利用することを困難にする。女性労働者の場合、2003年以降は、非正規労働者が正規労働者を上回っている。企業は有期雇用を利用して、育児休業制度の適用を制限・抑制しているといえよう。

現在、正規労働者と非正規労働者の格差が大きな社会問題となっているが、雇用期間の相違は、賃金水準だけではなく、育児休業制度の利用の格差を生んでいる。それは、多くの女性労働者が安心して妊娠・出産・育児することを危うくし、育児休業制度の普遍化を阻止するものといえよう。

3．パートタイム労働法

日本の女性非正規労働者の中心はパートタイマーであり、全女性労働者の4割を占める一大勢力である。既婚女性を中心に、家庭責任と両立する働き方として選択されてきた。しかし、正社員をはじめ一般労働者の長時間労働が蔓延している日本企業においては、パートタイマーは、労働時間が短いというだけで、賃金や雇用条件などで正社員と大きな格差がつけられてきた。

このような劣悪な労働条件を改善しパートタイマーを保護するために、初めてパートタイム労働法が成立したのが、1993（平成5）年であった。ILOパートタイム労働条約（175号条約）の成立に先だつ1年前のことである。

しかしこのパートタイム労働法は、努力義務規定が多く、実効性がないと評価された。

その後10年余りたった2007年に、パートタイム労働法は改正された。このパートタイム労働法の基本的考え方は、パートタイマーは正社員との「均衡処遇」を原則とするものであった。1994年にILOで成立したパートタイム労働条約が原則とする「均等待遇」とは一線を画し、それを退けたのである。

2014年には、2012年の労働契約法の改正に伴い、再度改正され、一定の改善をみた。雇用契約の違い（無期労働契約か有期労働契約か）を、パートタイマーと正社員の雇用・労働条件の違いの理由とすることを禁止し、パートタイマーと正社員の労働条件の相違は「合理的」でなければならない、と歯止めをかけたのである。

このような歴史を歩んできたパートタイム労働法について、以下では、2007年改正法と2014年改正法について、述べる。

① 2007年改正パートタイム労働法
（2007年成立、2008年4月1日施行）

2007（平成19）年改正のパートタイム労働法は、「均衡処遇」をパートタイム労働者保護の原則として、世界基準である「均等待遇」を排除した。均衡処遇とは、あくまでも正社員とのバランスを考慮した処遇ということであり、言い換えれば格差を前提にした考え方である。均等待遇が、同一や比例の原則により、格差の縮小・解消を目標とするのとは基本的スタンスが異なっている。

実際、パートタイム労働者を正社員と3つの基準で比較し、異同を判定した。3つの基準とは、ア．職務、イ．人材活用の仕組みや運用等、ウ．契約期間、である。

「職務」は、業務の種類（職種）や責任の程度である。ただし責任の程度には残業の応諾義務が含められている。日本のフルタイム正社員の残業の多さを前提とし、それを基準にパートタイマーを低く評価する仕組みとなって

いる。

「人材活用の仕組みや運用等」の基準には、転勤や職務内容の変更が含まれている。転勤のもたらす労働負担は確かに重いが、現在転勤のない労働者に将来起きる可能性も含めて差別化を図るのは、不公平である。

また長期雇用を前提とする正社員には、時間をかけた職務の変更・キャリアアップを行うが、パートタイマーにはそのような機会を与えることもせず、人材活用の仕組みが異なるというのは、勝手すぎるといえよう。

「契約期間」についても、正社員とパートタイマーには、大きな違いがあるが、それはパートタイマーを無期雇用として契約しようとしない会社側の方針が原因である。

このように、それぞれ問題をはらむ3つの判断基準を適用して正社員との異同を判断した結果、パートタイム労働者は、4つに分類できた。

1つは、職務・人材活用の仕組みや運用等・契約期間の3つの条件すべてで同じパートタイマーである。これは「パートタイマー」と呼ばれてはいたものの、実際は正社員とまったく同じ働き方をしていたということである。このようなパートタイマーが、全体の3%であった。

2つ目は、職務・人材活用の仕組みや運用等（一部）が同じパートタイマー。

3つ目は、職務だけが同じパートタイマーである。この2つに該当するパートタイマーが、全体の30%もいた。1つ目の正社員とまったく同じ働き方をしているパートタイマーと合わせると、正社員と同じ職務に従事しているパートタイマーは、全体の3分の1もいるということである。パートタイマーはフルタイマー正社員と異なり簡単な仕事を担当するというイメージが強いが、実際には、パートタイマーのある程度は、正社員と同じ職務に従事しているのである。

最後に4つ目として、すべて異なるパートタイマーであり、全体の65%を占めている。したがって、正社員とは職務内容の異なるパートタイマーが主流であり、パートタイマーとフルタイマーで仕事分けがなされていることがわかる。

このように分類されたパートタイマーは、どのような処遇改善をみたので

あろうか。1つ目の、判断基準すべてが同じパートタイマーに対しては、正社員との差別的取り扱いが禁止された。しかし、それは全パートタイマーのわずか3％にすぎなかった。2つ目のパートタイマーには、賃金を同一方法で決定する努力義務と、職務遂行に不可欠な教育訓練の実施義務を課し、3つ目の職務のみ同じパートタイマーに対しては、職務遂行に不可欠な教育訓練の実施義務を課した。そして4つ目のすべて異なるパートタイマーには、「職務の内容、意欲、能力、経験、成果等」を考慮して処遇する、となっている。

　このように、2007年の改正法は、均等待遇の判断基準が厳しすぎて、パートタイマーの労働条件改善は、ごくわずかに限定されたのである。

② 2014年改正パートタイム労働法
（2014年改正、2015年4月1日施行）

　パートタイム労働法は、2014（平成26）年に再度改正された。これは、2012年に労働契約法が改正されたことに連動するものであった。改正のポイントは、労働契約の違いを、パートタイマーと正社員フルタイマーの労働条件の相違の理由としてはならないことと、パートタイマーと正社員フルタイマーとの労働条件の相違は「合理的」でなければならないとされたことである。

ⅰ　パートタイム労働者と正社員との労働条件の不合理な格差の禁止（第8条）

　まず、2014年改正のパートタイム労働法は、パートタイム労働者の公正な待遇を確保するために、パートタイム労働者と正社員との間の不合理な格差を禁止している。パートタイム労働法は第8条で「事業主が、その雇用する短時間労働者の待遇を、当該事業所に雇用される通常の労働者の待遇と相違するものとする場合においては、当該待遇の相違は、……不合理と認められるものであってはならない。」と規定している。

　つまり、この規定は、パートタイム労働者と正社員との待遇に不合理な格

第3章　日本の雇用平等法　　189

差は認められないというが、それは逆にいえば合理的な格差は認められるということである。ではどのような場合が「合理的」な格差と認められるのか。それは次の3つの基準に基づいて判断される。ア．職務の内容、イ．人材活用の仕組み（配転や昇進等）、ウ．その他の事情、である。

　2007年改正のパートタイム労働法では、パートタイマーと正社員フルタイマーとの異同の判断基準の1つとされた「契約期間」は、この改正法で削除された。2012年の労働契約法の改正により、労働契約の違いを、労働条件の相違の理由にしてはならないことになったからである。それに対し、「職務の内容」と「人材活用の仕組み」は、引き続き比較の判断基準となっている。

　そこで「合理的」な格差か否かの判断基準の「職務の内容」であるが、それには業務の種類（職種）や中核的業務だけではなく、責任も問われる。そして責任には残業の応諾も含まれる。残業が当たり前の働かせ方の正社員と、残業のできない短時間勤務志向のパートタイマーを区別し、パートタイマーを低く評価することになり、不公正で不合理である。残業を前提にしない基準で比較されるべきであり、残業の横行は要員調整で解決すべき問題である。

　次に「人材活用の仕組み（配転や昇進等）」は、転勤の有無とその範囲や、職務内容の変更予定などを指す。これは、日本の大企業で行われている正社員の長期的キャリア形成の特徴である。長期間の雇用継続のうちには、勤務状況や職務内容の変化が将来生じるであろうことは、当然予測される。とはいえ、将来の潜在的差異を含めて比較するのは、きわめて不公正で不合理である。不合理な格差を禁止するのであれば、比較は、現在就業している職務内容に限定すべきである。したがってこの基準は、雇用契約期間同様、削除されるべきである。

　このように、2014年改正のパートタイム労働法は、パートタイマーと正社員との不合理な格差を禁止したことは、大きな改善である。しかし実際の判断基準には、「不合理」な要因が含まれており、再度の改正が求められる。

ii 「通常の労働者と同視すべきパートタイム労働者」の待遇の差別的
取り扱いの禁止（第9条）

パートタイム労働法第9条は、ア．職務の内容、イ．人材活用の仕組み
（職務の内容および配置の変更のしかた）が、全雇用期間を通じて通常の労
働者と同じパートタイム労働者を、「通常の労働者と同視すべき短時間労働
者」といい、「短時間労働者であることを理由として、賃金の決定、教育訓
練の実施、福利厚生施設の利用その他の待遇について、差別的取り扱いをし
てはならない。」と規定している。

つまり、パートタイム労働者が、通常の労働者と比べ、職務の内容が同
じ（「職務内容同一短時間労働者」という）であるだけではなく、人材活用
の仕組みも同じ場合に、「通常の労働者と同視すべき短時間労働者」といい、
待遇の差別的取り扱いを禁じている（均等待遇の原則）のである。

その際、パートタイム労働者が有期雇用契約であるとしても、職務内容と
人材活用の仕組みが同じであれば、雇用契約の違いを理由に、パートタイム
労働者に対する差別的取り扱いは禁じられる。

それでは、「通常の労働者と同視すべき短時間労働者」に保障される均等
待遇とは、どのようなものか。それは「賃金（基本給、賞与、退職手当、そ
の他諸手当を含む）のほか、福利厚生、教育訓練、休日休暇、安全衛生、災
害補償、解雇の基準などすべての取扱いで差を設けてはならないということ
である。」[9]

それに対し、「通常の労働者と同視すべき短時間労働者」以外のパートタ
イム労働者の賃金・教育訓練・福利厚生施設はどのように取り扱われるので
あろうか。

パートタイム労働法は、第10条〜第12条で、「通常の労働者と同視すべ
き短時間労働者」以外の短時間労働者の賃金・教育訓練・福利厚生施設の取
り扱いについて、次のように規定している。

---

9) 宮里邦雄・古田典子・秦雅子『労働法実務解説6　女性労働・パート労働・派遣
労働』旬報社、2016年、123ページ。

まず、賃金については、「通常の労働者との均衡を考慮しつつ」、「職務の内容、職務の成果、意欲、能力又は経験等を勘案し」て決定するように努めるものとする（第10条）とされている。

ただし、職務の内容に密接に関連していない①通勤手当、②退職手当、③家族手当、④住宅手当、⑤別居手当、⑥子女教育手当等は、均衡が必ずしも要求されていない。しかし、①の通勤手当については、実際の経費に関係なく一律の金額を支払っている場合は、均衡処遇に努めなければならないし、①〜⑥についても、通常の労働者との均衡を考慮して定めるように努めるものとされている[10]。

次に、教育訓練については、通常の労働者と職務が同じ場合は、すでに必要な能力を有している場合を除き、通常の労働者に行う職務の遂行に必要な教育訓練を実施しなければならない（第11条1項）。職務が同じでない場合は、通常の労働者との均衡を考慮し、職務の内容、成果、意欲、能力および経験等に応じた教育訓練を実施するよう努めるものとする（第11条2項）とされている。

さらに福利厚生施設については、「通常の労働者が利用できる給食施設や休憩室、更衣室の福利厚生施設については、パートタイム労働者にも利用の機会を提供するよう配慮しなければならない（法12条）。これらの施設は就労に必要な基礎的施設であるからである。」[11]

なお、改正パートタイム労働法では、これら以外にも、労働条件を明示した雇い入れ通知書の交付義務化や、パートタイム労働者の正社員への転換推進のための措置の義務化なども決められた。

以上みてきたように、職務内容と人材活用の仕組み（転勤と昇進等）が正社員と同じパートタイマーに対しては、雇用契約の違いを超えて、均等待遇が適用されることとなった。しかし、職務内容の解釈（とくに残業応諾義務と責任の関係）や、人材活用の仕組みという要素は、正社員とパートタイム労働者を峻別する根拠となっている。

10）宮里・古田・秦、前掲書、124ページ。
11）同上、126ページ。

結局、日本のパートタイム労働法は、恒常的残業と転勤を伴う正社員の雇用慣行を前提とし、それを基準に、パートタイム労働者が正社員にどれだけ近づいているかを評価しようとしている。あくまでも通常の労働者との均衡という名のもとに格差の温存を図る方針といえよう。

　EUでは、パートタイム労働者は、同じ事業所・同じ仕事・同じ雇用関係[12]の「比較可能なフルタイマー」との均等待遇を実現し、パートタイム労働者とフルタイム労働者との違いは労働時間の長さだけといわれている。日本でも、「通常の労働者と同視すべきパートタイム労働者」だけではなく、「職務内容同一短時間労働者」には、均等待遇を実現すべきである。

4.「女性活躍推進法」

①「女性活躍推進法」の内容

　均等法におけるポジティブ・アクションの規定は、企業の自主性に任せたきわめて緩やかなものであるため、これまで5000人以上規模企業を除き、企業の取り組みはとても消極的であった。その結果、日本は世界的にみても男女平等度の非常に低い国という状況が続き、いっこうに改善されてこなかった。世界的機関からも、女性の活用の遅れている国と指摘されるほどであった。

　このような事態を受け、また今後の労働力不足予想をふまえ、2015（平成27）年8月に「女性の職業生活における活躍の推進に関する法律」（女性活躍推進法）が成立した（2026年3月31日までの10年の時限立法）。この法律は、国・地方公共団体および301人以上規模の民間企業にポジティブ・アクションを義務づけ、女性管理職を増やすことを企図した法律[13]として評価

12）EUでは、「有期労働の枠組み協定に関する指令」（1999年）により、有期雇用契約の労働者の無期雇用契約の労働者との均等待遇が実現している。

13）宮里・古田・秦、前掲書、71～72ページ。「女性活躍推進法」の内容は、同

されよう。

内閣府男女共同参画局も、「これまでの施策と女性活躍推進法との大きな違いは、就業分野における女性の活躍推進には、事業主の役割が重要であるとの考え方の下、公的部門のみならず、企業等も含めた事業主に対して、女性の活躍に関する状況の把握や課題の分析、行動計画の策定、情報の公表等を義務付け、ポジティブ・アクションの実効性を高め、女性活躍に向けての取組を一過性のものに終わらせることなく着実な前進を目指していることである。」[14] と述べている。まさに、ポジティブ・アクションの義務づけと実効性の向上、そしてその持続的取り組みを目的としていることが特徴である。均等法の弱点を補い、雇用の男女平等推進に役立つものと期待されよう。

女性活躍推進法は、301人以上規模の民間企業に対し、行動計画の策定・届出・周知・公表と、女性の活躍状況についての定期的公表（おおむね1年に1回）を義務づけている。

行動計画策定にあたっては、まず自社の状況を把握するため、次の4つの必須項目を把握することが義務づけられている。

1．採用者に占める女性の割合
2．男女の平均勤続年数
3．1人当たりの各月ごとの時間外労働・休日労働の合計時間数等の労働時間の状況
4．管理職に占める女性の割合

「それ以外にも、男女別の競争倍率、各職階における女性の割合、人事評価における男女差、職種転換・雇用形態の転換等の男女別実績、賃金の男女差など」[15] も、必要に応じて把握し、課題を分析しなければならない。

この現状把握・分析に基づき、計画期間・数値を定めた達成目標・取り組み内容と実施時期等を「一般事業主行動計画」として策定し、都道府県労働局に届け出なければならない。そして、この行動計画は、社内労働者に周知するとともに、外部にも公表することとなっている。

書第2章「男女平等に関する法律」の「03　女性活躍推進法」による。
14）『平成29年版　男女共同参画白書』15ページ。
15）宮里・古田・秦、前掲書、72ページ。

また女性の活躍状況についての定期的公表では、次の 14 項目のうち事業主が選択したもの（1 つ以上）を公表しなければならない。

 1．採用者に占める女性の割合
 2．男女別の採用における競争倍率
 3．雇用労働者、指揮命令下で働く派遣労働者に占める女性の割合
 4．男女の勤続年数の差異（期間の定めのない労働者に限る）
 5．男女別の継続雇用割合
 6．男女別の育児休業取得率
 7．1 人当たりの時間外労働・休日労働の 1 月当たりの合計時間数
 8．雇用管理区分ごとの雇用労働者、指揮命令下で働く派遣労働者 1 人当たりの時間外労働・休日労働の 1 月当たり合計時間数
 9．有給休暇取得率
10．係長級にある者に占める女性の割合
11．管理職に占める女性の割合
12．役員に占める女性の割合
13．職種転換、雇用形態の転換、派遣労働者の雇い入れに関する男女別の実態
14．男女別の再雇用・中途採用の実績

　以上の取り組みにおいて、女性の活躍推進の状況が優良と認められた企業は、厚生労働大臣の認定を受けて認定マーク（愛称〝えるぼし〟）を使用し、女性活躍推進事業主であることをアピールできることになっている。
　なお、国および地方公共団体（特定事業主）も、以上に述べた 301 人以上の民間企業に課せられた義務を、同様に負っている。

② 民間企業における取り組み状況

　女性活躍推進法は、2015（平成 27）年 10 月 1 日より施行されたが、全面施行は 2016 年 4 月 1 日であり、まだ始まったばかりである。常用雇用労働者 301 人以上の企業における 2016 年 12 月末現在における取り組み状況は、

行動計画の届け出については100%近い（99.8%）高い水準となった。しかし情報の公開については、何らかの取り組みをした企業は約半分（48.9%）にとどまっている。

　情報の公開については、「行動計画の公表」と「情報の公表」のうち、両方とも公表した事業主が24.6%（3875）、「行動計画の公表」のみ行った事業主が14.7%（2320）、「情報の公表」のみ行った事業主が9.6%（1511）である。したがって、両方またはどちらか一方の公表を行った事業主の合計は48.9%（7706）となっている[16]。

　また、公表された情報について、項目数と項目内容を、公表にもっとも積極的で両方とも公表した事業主についてみてみると、1事業主当たりの情報公表は、平均5.2項目であり、もっとも多いのは1項目のみである。14項目すべて公表したのは5.0%（192）であった。企業規模が大きいほど、公表項目数が多くなる傾向がある[17]。

　公表した項目の内容については、一般事業主が行動計画の策定にあたり状況把握すべき4項目（① 採用した労働者に占める女性の割合、② 継続勤務年数の男女差等、③ 超過勤務の状況（労働者1人当たりの各月の法定時間外労働時間等）、④ 管理職の女性割合）が、選択されることの多い上位4項目であった。これ以外では、「労働者に占める女性労働者の割合」も、公表されることが多い。公表する項目の選定は、企業規模により、やや相違している[18]。

　このように、301人以上企業のほぼすべては、女性活躍推進法が課す行動計画の策定と届け出については、義務を果たしたといえよう。これまで、300～999人規模企業だけでなく、1000～4999人規模の大企業でさえも、ポジティブ・アクションに積極的ではなかった。しかしこの法律によって、いやが応でも取り組まざるを得なくなったのであり、女性活躍推進法の意義は大きいといえよう。

16）『平成29年版　男女共同参画白書』29ページ。

17）同上、32ページ。なお、厚労省のデータベースでは、情報公表項目は13項目になっている。

18）同上、33ページ。

とはいえ、情報の公開については、まだ多くの企業が義務を果たせていない状況である。不慣れであるためか、あるいは、内容に自信がもてないためか、原因は不明であるが、今後この点の改善が、法律の機能・効果の面から期待されるところである。

　行動計画や情報の公表は、これまで社会の目から隠されていた企業の女性雇用管理の実態を明らかにし、企業間の比較の対象とされるのであるから、企業にとって大きなプレッシャーである。雇用の男女平等を実践する企業が、イメージだけではなく、データの裏づけをもって証明されることとなるであろう。それだけに、企業の取り組みも前向きに変化することが期待できる。

　『平成29年版　男女共同参画白書』は、企業における女性の活躍状況についての「見える化」の意義について、次のように述べている。「企業における女性の活躍状況の『見える化』を推進することで、求職者や投資家が企業間の比較をしやすくなり、女性活躍推進に積極的に取り組む企業が、求職者や投資家から評価を受け、有能な人材や多くの資金を集めやすくなるといった、情報開示によりマーケットメカニズムが作用し、企業の収益性・生産性の向上につながるという流れが多くの企業に広がり、社会全体として女性の活躍が自立的に加速・拡大していくことが期待される。」[19]

　つまり、「『見える化』を推進し、資本市場や労働市場を通じて、女性の活躍に取り組む企業に対するモニタリングが有効に働き、より多くの企業が自発的に女性の活躍に取り組むようになる」[20]と期待されるのである。

　なお、国際的な資本市場では、ESG投資が主流となっており、日本でも拡大しつつある。ESG投資とは、環境（E）、社会（S）、コーポレート・ガバナンス（G）の要素からなる情報を投資判断に組み入れる投資のことである。「女性の活躍推進は、多様な人材を活かすマネジメント能力や環境変化への適応力があるという点から、ESGの重要な要素であり、……各企業の女性活躍についての情報に対する投資家のニーズは高まっている。」[21]

　このように、女性活躍推進法により、女性労働者の採用と登用などの数値

---

19)　『平成29年版　男女共同参画白書』37ページ。
20)　同上、52ページ。
21)　同上、37ページ。

目標と取り組みの改善計画を公表し、また定期的に情報を公開するという「女性活躍の見える化」は、求職者にとっても投資家にとっても重要である以上、301人以上企業すべてが、義務を果たすべきであり、できる限り早い実現が望まれる。

と同時に、現行法が義務づける情報量は、きわめて少なく、これでは、行動計画の策定や「見える化」の水準に限界をもたらし、せっかくの「見える化」機能が十分に果たせないと思われる。例えば、現状把握のための必須項目は、4項目であり、それ以上は企業の任意になっているので、策定される行動計画の内容にも限界があると思われる。また女性の活躍状況についての定期的公表も、1項目以上となっていて、きわめて緩やかな基準である。これでは、女性求職者が参考にするには情報不足といわざるを得ない。

『平成29年版　男女共同参画白書』も、「今後、『女性の活躍推進企業データベース』上での『行動計画の公表』や『情報の公表』を行う企業が増加するとともに、各社が掲載する自社の女性活躍の状況や取り組みについての情報の充実によって」、企業による女性活躍の取り組みを加速・拡大させていくことができると述べており、「見える化」の推進の重要性を指摘している[22]。

その意味で、この「見える化」を今後どの程度推進できるかが、日本の大きく立ち遅れた雇用の男女平等度の改善に大きな影響をおよぼすであろうから、「見える化」の充実に向けた取り組みが必要であるといえよう。

③ 国の取り組み

国は、女性活躍推進法では、地方公共団体とともに「特定事業主」として、企業の「一般事業主」と同様、女性活躍に資する行動計画の策定や定期的情報の公開が義務づけられている。しかも、公務部門での女性の活躍には、民間部門とは異なる意義がある。それは、「我が国の政策方針決定過程への女性の参画拡大」と「一般事業主に対する率先垂範」という意義である[23]。

---

22)『平成29年版　男女共同参画白書』38ページ。
23)『平成29年版　男女共同参画白書』16ページ。

そのため、「事業主に求められる状況把握として、特定事業主には、一般事業主が行うこととされる4項目のほか、今後取組を推進していく上で重要となる3項目を加えた計7項目について、状況把握し、課題分析することが求められている。」[24] また、各府省等の行動計画において、「少なくとも、女性職員の採用・登用、男性職員の育児休業取得率、配偶者出産休暇及び育児参加のための休暇取得については数値目標の設定が求められている。」[25] さらに、「毎年少なくとも1回、行動計画に基づく取組の実施状況を公表すること」[26] も求められている。

　ところで、国は、女性活躍推進法の施行十数年前から、府省横断的な取り組みを行ってきた。「男女共同参画基本計画」(2000年12月12日閣議決定)に基づき、人事院が「女性国家公務員の採用・登用の拡大に関する指針」(2001年5月21日)を策定した。それをふまえて、男女共同参画推進本部は2003年6月20日、「女性のチャレンジ支援策の推進について」を決定した。それによると、「社会のあらゆる分野において、2020年までに、指導的地位に女性が占める割合が、少なくとも30%程度になるよう期待し、政府は、民間に先行して積極的に女性の登用等に取り組む」[27] こととされた。

　それを受け2004年4月27日には、男女共同参画推進本部が「女性国家公務員の採用・登用の拡大等について」を決定し、翌4月28日には「各省庁人事担当課長会議申合せ」で、女性国家公務員の採用・登用の拡大のための目標および具体的取り組みが盛り込まれた。2005年度以降、「女性国家公務員の採用・登用状況、女性職員、男性職員それぞれの育児休業の取得状況等、政府全体としての取組の進捗状況が府省別の状況も含めて毎年1回公表されてきた。」[28]

　さらに2014年10月17日には、女性職員活躍・ワークライフバランス推進協議会が、「国家公務員の女性活躍とワークライフバランス推進のための

24) 同上。追加の3項目は、各役職段階の職員の女性割合、男女別の育休取得率・平均取得期間、男性の配偶者出産休暇等の取得率・平均取得日数である。
25) 同上、17ページ。
26) 同上。
27) 同上。
28) 同上。

取組指針」を決定した。各府省等は、これに基づき、2020年度末までを視野に入れた「女性職員活躍とワークライフバランス推進のための取組計画」を策定し、公表することが義務づけられている。

この取り組み計画において、各府省等は、「女性職員の採用・登用に関する目標数値、男性職員の育児休暇取得率、配偶者出産休暇及び育児参加のための休暇に関する数値目標を設定」し、取り組みの実施状況を毎年度1回フォローアップし、併せて取り組み状況の公表が義務づけられている[29]。

このように、国においては、2005年度より、女性国家公務員の採用・登用の拡大の取り組みが行われ、2014年度以降は、取り組み計画に引き継がれてきたが、その取り組み計画は、女性活躍推進法の成立により、女性活躍推進法の行動計画と整合的かつ一体的に推進されるようになった。

なお行動計画の数値目標は、これまでも設定された4つの数値目標以外では、年次有給休暇の取得に関する数値目標が、多くの省庁で設定されている。また情報の公表では、全省庁が4項目について公表し、内閣官房、内閣府、消費者庁、厚生労働省は、7項目すべてを公表している[30]。

女性活躍推進法は、国が2005年度以降、女性国家公務員の採用と登用の拡大に取り組み、一定の実績を上げてきたことや、また均等法のポジティブ・アクションの取り組みが巨大企業の一部に限定されて、なかなか広がらなかったこと、さらには、今後ますます労働力不足が進み企業の成長にマイナス要因となることなどをふまえて、国や地方公共団体および301人以上の民間企業に、本腰を入れて「女性の活躍」のためのポジティブ・アクションに取り組むことを義務づけたものである。

女性国家公務員の採用については、2015年度以降、大幅にアップし30％を超えており、2017年度は、採用者に占める女性の割合33.4％、総合職試験の採用者に占める女性の割合は34.5％となっている（2005年度は、それぞれ25.5％、20.4％）。また登用についても、国の地方機関課長・本省課長補佐相当職では順調に増加して、2016年には9.4％になっている（2008年

---

29) 『平成29年版　男女共同参画白書』17〜18ページ。

30) 同上、18ページ。

は 5.6%）。本省課長相当職はまだ少ない（2016 年で 4.1%）。

　301 人以上の民間企業で、女性労働者の採用と登用を積極化していくためには、行動計画と情報の公開＝「見える化」を推進する必要がある。女性活躍推進法では、ともに義務づけられているにも関わらず、2018 年末現在、半数以上の企業で実施されていない。労働市場と資本市場における企業に対するモニタリングや、女性活躍推進の優良企業としての認定（愛称"えるぼし"の使用）による"自律的"取り組みに依存するだけでなく、罰則規定を設けて、かつ段階的に強化するなど法律の担保能力を高めることも必要であろう。

　女性活躍推進法は、産業政策的側面をもちつつも、雇用の場における女性労働者の人権や雇用の平等を促進するポジティブ・アクションとして、正当に位置づけられ、遵守されるべきものである。

参考文献

第1章

赤松良子編『解説　女子労働判例』学陽書房、1976年。

浅倉むつ子『労働法とジェンダー』勁草書房、2004年。

有田芳生『三洋電機はん　パートのおばちゃんでえらいすんまへん』清風堂書店、1989年。

今野久子・浅倉むつ子『女性労働判例ガイド』有斐閣、1997年。

遠藤公嗣編著『同一価値労働同一賃金をめざす職務評価　官製ワーキングプアの解消』旬報社、2013年。

大脇雅子・中野麻美・林陽子『働く女たちの裁判』学陽書房、1996年。

奥山明良『職場のセクシュアル・ハラスメント』ゆうひかく選書、1999年。

支払基金の昇格裁判を記録する会＝編『女性昇格時代　大輪の花咲かせた女たち』大月書店、1992年。

職場での性的いやがらせと闘う裁判を支援する会編『職場の「常識」が変わる　福岡セクシュアル・ハラスメント裁判』インパクト出版会、1992年。

女性労働問題研究会編『男女賃金差別裁判に挑む』（『女性労働研究』No.45）青木書店、2004年。

竹中恵美子著作集　第Ⅳ巻『女性の賃金問題とジェンダー』明石書店、2012年。

中島道子・山田省三・中下裕子『男女同一賃金』有斐閣選書、1994年。

宮地光子『平等への女たちの挑戦』明石書店、1996年。

宮地光子監修　ワーキング・ウイメンズ・ネットワーク編『男女賃金差別裁判「公序良俗」に負けなかった女たち』明石書店、2005年。

森ます美『日本の性差別賃金』有斐閣、2005年。

森ます美・浅倉むつ子編『同一価値労働同一賃金原則の実施システム』有斐閣、2010年。

山本和子『女はどうして　女性差別裁判を闘って』風媒社、1987年。

林　弘子「男女間賃金格差をめぐる法的問題——同一価値労働同一賃金原則と男女コース別雇用管理制度を中心に」女性労働問題研究会編『男女賃金差別裁判に挑む』（『女性労働研究』No.45）青木書店、2004年。

第2章

赤松良子監修　国際女性の地位協会編『新版 女性の権利 ハンドブック女性差別撤廃条約』岩波ジュニア新書、2005年。

赤松良子・山下泰子監修　日本女性差別撤廃条約NGOネットワーク編『女性差別撤廃条約とNGO』明石書店、2003年。

伊藤セツ『国際女性デーは大河のように』御茶の水書房、2003年。

大沢真理『男女共同参画社会をつくる』NHKブックス、2002年。

大脇雅子・中島通子・中野麻美編『21世紀の男女平等法　新版』ゆうひかく選書、1998年。

岡沢憲芙『おんなたちのスウェーデン　機会均等社会の横顔』NHKブックス、1994年。

カリータ・ベッケメレム＋坂東眞理子『カリータ・ベッケメレム　男女格差のない社会』NHK出版、2008年。

国際婦人年大阪の会編『資料国際婦人年　国連婦人の10年から21世紀へ』創元社、1985年。

国際婦人年大阪の会編『資料国際婦人年②　ナイロビ戦略と女性の未来』創元社、1989年。

小宮山洋子『女と男の21世紀　北京から日本へ』大月書店、1996年。

柴山恵美子・中曽根佐織編著『EUの男女均等政策』日本評論社、2004年。

柴山恵美子・中曽根佐織編訳『EU男女均等法・判例集』日本評論社、2004年。

竹﨑孜『スウェーデンはなぜ少子国家にならなかったのか』あけび書房、2002年。

竹中恵美子著作集　第Ⅵ巻『家事労働（アンペイド・ワーク）論』明石書店、2011年。

竹中恵美子著作集　第Ⅶ巻『現代フェミニズムと労働論』明石書店、2011年。

辻村みよ子『ポジティブ・アクション──「法による平等」の技法』岩波新書、2011年。

日本女性学会ジェンダー研究会編『Q&A男女共同参画／ジェンダーフリー・バッシング　バックラッシュへの徹底反論』明石書店、2006年。

日本弁護士連合会編著『問われる女性の人権　北京1995　第4回世界女性会議日弁連レポート』こうち書房、1996年。

林陽子編著『女性差別撤廃条約と私たち』信山社、2011年。

藤井威『スウェーデン・スペシャル［Ⅲ］福祉国家における地方自治』新評論、2003年。

三井マリ子『ママは大臣　パパ育児』明石書店、1995年。

三井マリ子『男を消せ！　ノルウェーを変えた女のクーデター』毎日新聞社、1999年。

三井マリ子『ノルウェーを変えた髭のノラ　男女平等社会はこうしてできた』明石書店、2010年。

山下泰子『女性差別撤廃条約の研究』尚学社、1996年。

ヤンソン由美子『男が変わる　スウェーデン男女平等の現実』有斐閣選書、1987年。

居城舜子「新たな賃金の平等戦略に向けて──アメリカ合衆国の経験が提起する

参考文献　203

こと」女性労働問題研究会編『ジェンダー平等戦略のいま』（『女性労働研究』
　　No.47）青木書店、2005 年。
柴山恵美子「EU の雇用平等・ジェンダー主流化の最前線」女性労働問題研究会編
　　『加速する雇用破壊』（『女性労働研究』　No.53）青木書店、2009 年。
宮本　太郎「福祉国家の労働支援とジェンダー平等」女性労働問題研究会編『ジェ
　　ンダー平等戦略のいま』（『女性労働研究』No.47）青木書店、2005 年。

第 3 章
赤松良子『均等法をつくる』勁草書房、2003 年。
浅倉むつ子『均等法の新世界』ゆうひかく選書、1999 年。
浅倉むつ子『労働とジェンダーの法律学』有斐閣、2000 年。
大脇雅子『均等法時代を生きる』有斐閣選書、1987 年。
北九州市立男女共同参画センター“ムーブ”編『ジェンダー白書 2　女性と労働』
　　明石書店、2004 年。
基礎経済科学研究所編『日本型企業社会と女性』青木書店、1995 年。
小林美希『ルポ　職場流産　雇用崩壊後の妊娠・出産・育児』岩波書店、2011 年。
小林美希『ルポ　保育崩壊』岩波新書、2015 年。
ジェンダー法学会編『講座ジェンダーと法　第 2 巻　固定された性役割からの解
　　放』日本加除出版株式会社、2012 年。
ジェンダー法学会編『講座ジェンダーと法　第 4 巻　ジェンダー法学が切り拓く
　　展望』日本加除出版株式会社、2012 年。
竹中恵美子著作集　第Ⅳ巻『女性の賃金問題とジェンダー』明石書店、2012 年。
竹中恵美子著作集　第Ⅴ巻『社会政策とジェンダー』明石書店、2011 年。
竹中恵美子著作集　第Ⅶ巻『現代フェミニズムと労働論』明石書店、2011 年。
竹中恵美子　関西女の労働問題研究会『竹中恵美子の女性労働研究 50 年』ドメス
　　出版、2009 年。
内閣府男女共同参画局『平成 29 年版　男女共同参画白書』（特集 女性活躍推進法
　　による女性活躍の加速・拡大に向けて）　2017 年。
中島通子・山田省三・中下裕子『男女同一賃金』有斐閣選書、1994 年。
中野円佳『「育休世代」のジレンマ　女性活用はなぜ失敗するのか？』光文社、
　　2014 年。
21 世紀職業財団『女性労働の分析　2015 年版──男女雇用機会均等法成立 30 年
　　特集』2016 年。
日本経済新聞社編『女たちの静かな革命』日本経済新聞社、1998 年。
日本経済新聞社編『女性たちはいま　揺れる「均等法」世代』日本経済新聞社、
　　1992 年。

日本経済新聞生活情報部編『できれば幸せに働きたい』日本経済新聞社、2003年。

日本経団連出版編『女性社員活躍支援事例集　ダイバーシティを推進する11社の取り組み』日本経団連出版、2007年。

日本弁護士連合会第58回人権擁護大会シンポジウム第1分科会実行委員会編著『女性と労働』旬報社、2017年。

宮里邦雄・古田典子・秦雅子『労働法実務解説6　女性労働・パート労働・派遣労働』旬報社、2016年。

山田昌弘『女性活躍後進国ニッポン』岩波ブックレットNo.934、2015年。

浅倉むつ子「ジェンダー視点からみた同一価値労働同一賃金原則の課題」女性労働問題研究会編『働く場のリアル』（『女性労働研究』第61号）すいれん舎、2017年。

金井　郁「パートタイム労働政策における均衡・均等概念の変遷と日本型均衡処遇ルールの成立」女性労働問題研究会編『脅かされる雇用と労働者の権利』（『女性労働研究』No.57）青木書店、2013年。

近江美保「CEDAW総括所見が求めるもの」女性労働問題研究会編『均等法25年と女性労働』（『女性労働研究』No.55）青木書店、2011年。

久場嬉子「女性労働のいま──男女雇用機会均等法制定四半世紀を経て」女性労働問題研究会編『均等法25年と女性労働』（『女性労働研究』No.55）青木書店、2011年。

黒岩容子「改正均等法の成立と今後の課題」女性労働問題研究会編『貧困と疲弊』（『女性労働研究』No.50）青木書店、2006年。

坂本福子「男女雇用機会均等法の課題」女性労働問題研究会編『均等法改正で平等は可能か』（『女性労働研究』No.49）青木書店、2006年。

資料「女子差別撤廃委員会の最終見解」女性労働問題研究会編『「安心」な雇用実現への模索』（『女性労働研究』No.54）青木書店、2010年。

ドゥブラヴカ・シモノヴィッチ「女性差別撤廃条約批准25周年と履行における諸課題」女性労働問題研究会編『均等法25年と女性労働』（『女性労働研究』No.55）青木書店、2011年。

森ます美「安倍政権の「同一労働同一賃金」批評──公正への途は職務評価実践」女性労働問題研究会編『働く場のリアル』（『女性労働研究』第61号）すいれん舎、2017年。

あとがき

　本書は、私が長年にわたり教鞭をとってきた女性労働論・ジェンダー労働論をまとめたものである。1980年代に入り、大学でも女性学関連の講座が設置され、増加していった。私が正規教員として就職した松山東雲女子大学では、女性労働に関する授業を2コマ担当した。そのうちの1つが、日本の女性労働者の雇用差別撤廃の歴史、国際女性年以降の世界的男女差別撤廃運動、そして日本の雇用の男女平等を保障する法律の男女雇用機会均等法などを内容とする授業であった。

　もともと内容が多岐にわたるうえ、この際学生にぜひ触れて学んでほしいと思うことも多く、詰め込みの授業になりがちであった。また、男女差別に敏感で関心のある学生には共感してもらえたが、必ずしもそうではない学生には押しつけと感じられる面もあったのではないかと反省している。ともあれ、長く携わったことにより、全体像が鮮明となり、構成部分の関係性も捉えやすくなったと思う。

　学問においても、関心あるテーマは変遷していき、かつて話題となったテーマが次第に歴史のなかに消えていく。しかし現在の女性労働問題を体系的・構造的に学ぶうえでは、相変わらず欠かせないテーマであり続けていることは多い。

　そこで、本書は、3つの構成要素——日本の雇用差別撤廃の歴史、世界の男女差別撤廃運動、日本の雇用平等法——を3章構成とし、ジェンダー労働論としての体系を構築したものである。また初心者に興味をもっていただけるように、できる限り簡潔に述べるよう心がけた。

　本書制作を計画してから、年月が過ぎてしまったが、ここにようやく完成をみることができ、肩の荷をおろした感じである。

　女性労働者の非正規化、女性の貧困、長年にわたる賃金の抑制が続く一方、女性の職業継続意欲の向上、女性労働者の勤続年数の伸長、管理職比率のわずかながらの上昇など、光もみえてきている。ジェンダー労働論を学び（エンパワーメント）、雇用の場で、女性が男性と対等に、家族的責任と両立さ

せ、生きがいを感じながら働ける社会の実現を希望してやまない。

　本書制作にあたり、恩師　竹中恵美子先生やドメス出版の方々には大変お世話になりました。とくに編集部の矢野操さんには、いろいろと有益なご助言をいただき、また丁寧な校正の労を取ってくださり、本書の完成にご尽力いただきました。お世話いただいた方々に、心より感謝申しあげたいと思います。ありがとうございました。

　　2018 年 6 月　　　　　　　　　　　　　　　　　　　川東　英子

著者紹介

川東　英子（かわひがし　えいこ）

1949 年　　香川県生まれ
1980 年　　大阪市立大学大学院経済学研究科博士課程単位取得退学
1992 年　　松山東雲女子大学講師
1999 年　　同大学教授
2015 年　　同大学 定年退職
現　　在　　松山東雲短期大学非常勤講師

主著
『女子・労働論』（共著、有斐閣、1983 年）
『新・女子労働論』（共著、有斐閣、1991 年）
『グローバル時代の労働と生活』（共著、ミネルヴァ書房、1993 年）
『フェミニズムと労働の間』（リンダ・ブルム著、共訳、御茶の水書房、1996 年）
『日本社会とジェンダー』（叢書 現代の経済・社会とジェンダー 第 3 巻、共著、2001 年）
『現代日本の社会政策』（共著、ミネルヴァ書房、2007 年）
「日本における『中流』の縮小」（松山東雲女子大学『松山東雲女子大学人文科学部紀要』
　第 21 巻、2013 年 3 月）
『愛媛における勤労者の生活不安の背景　リーマンショック後の家計と雇用・労働条件』
　（共著、愛媛県労働者福祉協議会、2012 年）

ジェンダー労働論
　雇用の男女平等をめざす日本と世界

2018 年 9 月 20 日　第 1 刷発行
定価：本体 2000 円＋税

著　　者　　川東　英子
発行者　　佐久間光恵
発行所　　株式会社 ドメス出版
　　　　　　東京都文京区白山 3-2-4 〒 112-0001
　　　　　　振替　00180-2-48766
　　　　　　電話　03-3811-5615
　　　　　　FAX　03-3811-5635
　　　　　　http://www.domesu.co.jp

印刷・製本　株式会社 太平印刷社

© Kawahigashi Eiko 2018 Printed in Japan
落丁・乱丁の場合はおとりかえいたします
ISBN 978-4-8107-0840-0　C0036

竹中恵美子・ 関西女の労働問題研究会	竹中恵美子の女性労働研究50年　理論と運動の交流はどう紡がれたか	二三〇〇円
竹中恵美子ゼミ編集委員会編	竹中恵美子が語る　労働とジェンダー	二〇〇〇円
関西女の労働問題研究会編	ゼミナール　男女共生社会の社会保障ビジョン	二〇〇〇円
関西女の労働問題研究会編	ゼミナール　共生・衡平・自律　21世紀の女の労働と社会システム	二〇〇〇円
関西女の労働問題研究会編	定年退職と女性　時代を切りひらいた10人の証言	二〇〇〇円
女性労働問題研究会編	女性研究者のエンパワーメント	二〇〇〇円
伊藤　セツ	男女共同参画時代の女性農業者と家族	二四〇〇円
天野寛子・粕谷美砂子	切り拓く　ブラックリストに載せられても	二一〇〇円
橋本　宏子	働いて輝いて　次世代へつなぐ働く母たちの50年	二四〇〇円
働く母の会編	語りつぎたいこと　年少女子労働の現場から	二二〇〇円
塩沢美代子	この扉は開けてみせる　子持ちの女は半人前なんて	二〇〇〇円
立中　修子	女性学の再創造	三三〇〇円
三宅　義子	〈化外〉のフェミニズム　岩手・麗ら舎読書会の〈おなご〉たち	三六〇〇円
柳原　恵		

＊表示価格はすべて本体価格です